古希臘原來是這樣⁉

古代ギリシャのリアル

藤村シシン——著
郭清華——譯

前言

「在開始之前，有些話要先告訴大家。『說到希臘，就浮現藍色海洋與白色神廟』的印象，其實是一種幻想。古代希臘人是用酒紅色來表現大海，而且古代的希臘語裡，也沒有表現『藍色』和『大海』的單字。還有，古代希臘人會以豐富的色彩來裝飾神廟❶，所以古代的希臘神廟並不全然是白色的。」

——深深愛上希臘的「藍色海洋與白色神廟」，一腳踏進古代希臘史研究之門的我，聽到老師的這番話好像被打了一拳般，受到極大的打擊。

「那、那，我一直以為是希臘象徵的帕德嫩神廟，也和古代的樣子大不

❶ V.Brinkman 重現阿帕伊亞神廟山形牆部分的色彩。
穿著色彩豐富的衣服，希臘神話英雄帕里斯正要彎弓射箭。

相同嗎？」

對著十分訝異的我，老師好像在揭露巨大祕密般，這麼說了：

「不只色彩大不相同。如果我說：現在被妳認作帕德嫩神廟正面的地方❷其實是背面，甚至或許也不是神廟。妳會覺得怎麼樣？」

——我會心情無法平靜到不知如何是好。

事實上並不是白色的神廟，正面其實是正面，或許原本也不是神廟……

光是一座帕德嫩神廟，就讓人如此忐忑不安地期待著！……在這種情況下去發現希臘文明、希臘神話，及創造出文明與神話的希臘人，必定會帶給我無法形容的激動吧！這正是我從以前並且會一直持續到未來，專注於古代希臘研究的最大動機，也是我寫這本書的理由。

要不要和我一起前往可以窺探古代希臘真貌的正面入口呢？在那裡，或許我們能夠看到與世界史教科書或哲學書裡的印象中古代人有別的「古

❷從「正面入口」看帕德嫩神廟。參閱35頁。

代希臘真貌」。

見到了那些後，各位也會和我一樣，心裡想著「本以為色彩豐富的神廟會讓人覺得不舒服……，結果是一點點不舒服的感覺也沒有」，甚至看到只有瓦礫的山，也會覺得激動又喜悅。

那麼，我們就開始吧！

開始了解曾經住在這個地方的古代希臘人，及他們所愛的希臘神話的真貌。

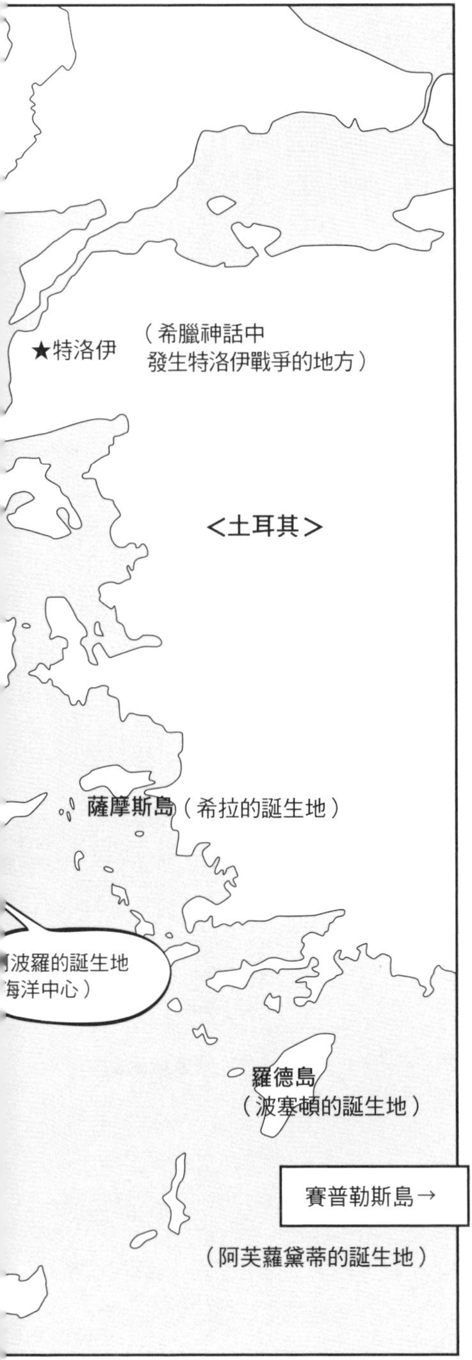

現代、古代、神話
希臘地圖

<>內為現代地名

本書提及的遺產遺跡

想像中（神話中）的地名

關於現代希臘

國名：希臘共和國

面積：約 13 萬平方公里（約日本的三分之一）

人口：約 1100 萬人（2013 年統計）（比東京都少 200 萬人）

首都：雅典（人口約 300 萬人）

宗教：東正教（基督教）

語言：現代希臘語

國歌：〈自由頌〉（共有 158 節，全部唱完要一個小時）

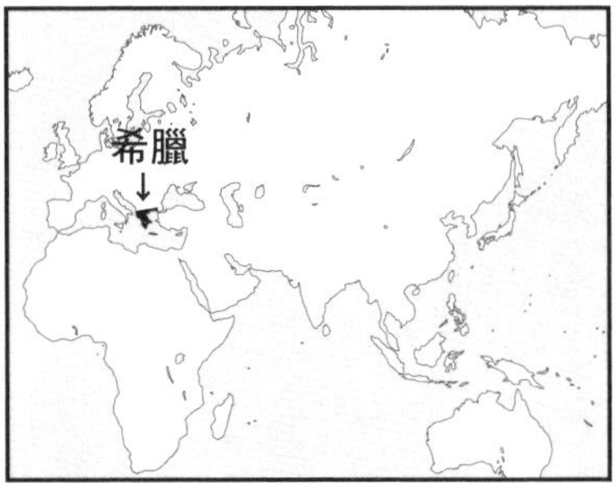

色雷斯
（阿瑞斯的誕生地
極北人住的長春之地
（希臘的遙遠北方）
被認為是諸神
居住地的
希臘最高峰
（赫菲斯托斯從奧林帕斯墜
時的著陸地點）
奧林帕斯山
利姆諾斯島
波塞頓的
海底王國
（埃維亞外海）
阿波羅的預言之地
（大地中央）
帕納塞斯山
荷米斯的
誕生地
愛奧尼亞海
埃維亞島
德爾菲
<德爾菲>
愛蓋亞海
<愛琴海>
赫利刻★
昔蘭尼山
雅典
<雅典>
厄里斯
阿卡迪亞
奧林匹亞
（古代奧運的舉辦地點）
埃皮達魯斯
提洛島
★斯巴達
←西西里島
・恩納
女神狄蜜特為了守護女兒科瑞（泊瑟芬），把科瑞藏在西西里島的恩納，藉此躲避希臘男神們的追求。
・奧提伽島
阿提密斯的誕生地
泰納隆岬角
洞窟與黑帝斯統治的
地下冥界相通
（泰納隆岬角）
克里特島
雅典娜的誕生地
↓利比亞・妥里托尼斯湖
狄克特
宙斯的誕生

未來~現代~古代~神話時代的希臘年表

古代希臘人想像的未來

世界和人類的品質逐漸變壞，善惡的區別會消失，人類因為道德敗壞的結果而滅亡。

時代	年份	事件	備註
現代	2020年	東京奧運（預定）。	在希臘的奧林匹亞點燃的聖火將傳遞到東京（預定）。
	2009年~	希臘經濟危機。	
	2004年	雅典奧運。	
	1987年	爆發「黑色雅典娜」論戰。	「雅典娜真的是白人，不是黑人嗎~」的爭論。
	1974年	廢除君主制，成立現在的希臘共和國。	
	1934年	大英博物館的醜聞。	在「白色希臘」印象下，帕德嫩神廟的浮雕被鋼絲刷「洗白」了。
近代	1832年~	希臘王國誕生。	雅典破壞了很多被認為「非希臘」的東西。
	1821年	發生希臘獨立戰爭。	
	18世紀~	西方興起「希臘熱」。	

從這裡開始古代

古代希臘文化與學問的鼎盛期。

希臘強烈受到東方影響的時期。著名的即使面對死亡，也帶著笑容的「古樸式微笑」的藝術。

近世	1687年	威尼斯軍砲擊，帕德嫩神廟嚴重損毀。	西洋的輝煌建築毀於西方人手中。
中世紀	希臘史空白了一千年		此後，以「希臘人」為名的人，在歷史上消失了千年以上。
羅馬時期	393年	古代奧運。	古希臘眾神的崇拜告終。
	212年	〈安東尼努斯敕令〉。	希臘人稱自己為羅馬人。
希臘時期	前334年	亞歷山大大帝東征。	
	前431年	爆發伯羅奔尼撒戰爭。	以雅典為主的提洛同盟對抗以斯巴達為主的伯羅奔尼撒同盟。
古典期	前447年	建立帕德嫩神廟。	
	前490年	爆發波斯戰爭。	希臘人戰勝波斯帝國。
古樸期	前8世紀左右	《伊利亞德》、《奧德賽》問世。	吟遊詩人荷馬講述特洛伊戰爭的敘事詩。

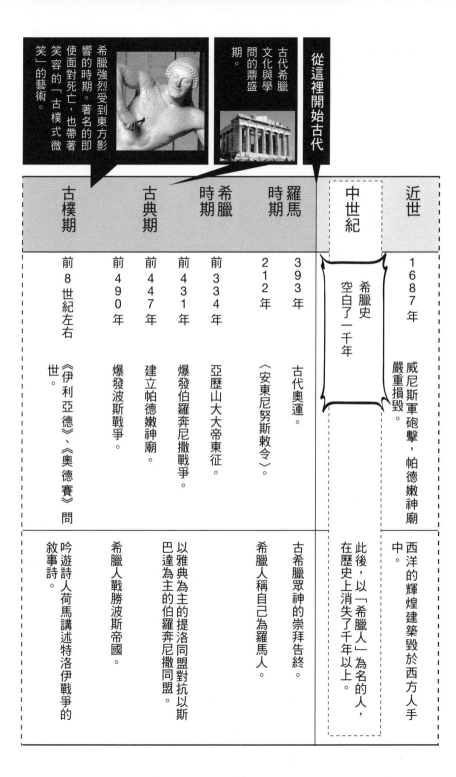

歷史上實際發生的事。

前1200年左右
文明崩落

前1300年左右
邁錫尼時代的高峰

以堅固城牆來做防守的封閉性戰亂時代。

前1450年左右
米諾斯文明滅亡

米諾斯文明是沒有城牆既華美又開放的文明。

神話時代

歷史時代與神話時代的分界線並不十分明確。

前776年	古代奧林匹克運動會開始了。	古代希臘史從這裡開始。
前1150年～	黑暗時代開始了。	沒有留下文字資料的混亂時代。
前1250年左右	特洛伊戰爭。	希臘與特洛伊之間的戰事，是希臘神話中的最後事件。
前1300年左右	英雄海格力斯的冒險。	希臘神話中最偉大的英雄。
前1400年左右	酒神戴歐尼修斯誕生。	戴歐尼修斯是奧林帕斯十二主神中最年輕的神。
前1450年左右	世界因為洪水而滅亡。	宙斯降大洪水滅亡人類。
白銀時代	泰坦戰爭	宙斯擊敗父親克洛諾斯，成為地位最高的神。
黃金時代	農神克洛諾斯統治的時代。	對人類而言，是最幸福的時代。
	烏拉諾斯失去權力。	克洛諾斯打倒父親烏拉諾斯，成為權力最大的神。
	天空之神烏拉諾斯統治的時代。	
宇宙誕生	宇宙自空虛中誕生。	

奧林帕斯十二主神相關圖

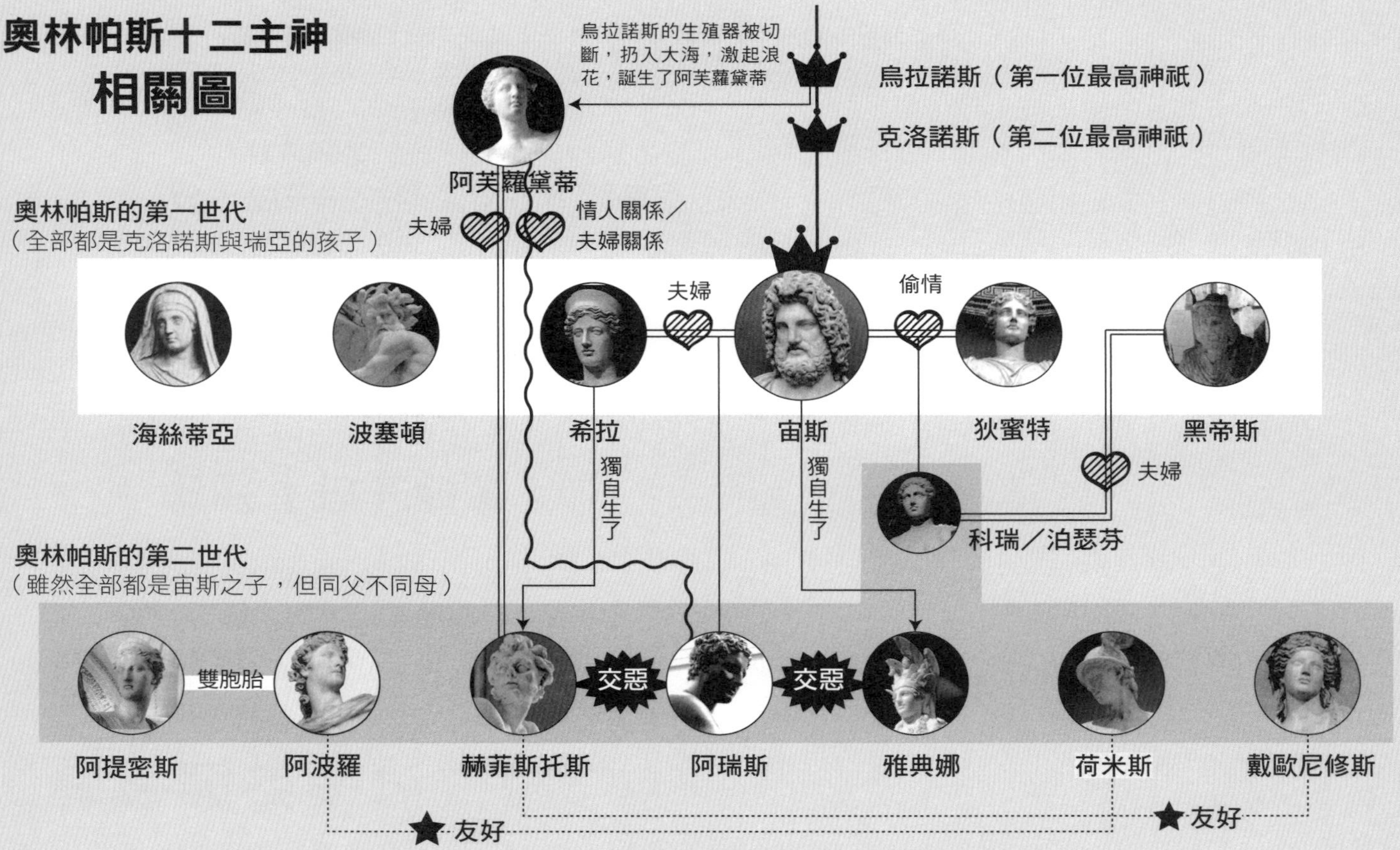
烏拉諾斯的生殖器被切斷，扔入大海，激起浪花，誕生了阿芙蘿黛蒂
烏拉諾斯（第一位最高神祇）
克洛諾斯（第二位最高神祇）
阿芙蘿黛蒂
奧林帕斯的第一世代
（全部都是克洛諾斯與瑞亞的孩子）
夫婦
情人關係／夫婦關係
夫婦
偷情
海絲蒂亞
波塞頓
希拉
宙斯
狄蜜特
黑帝斯
獨自生了
獨自生了
夫婦
科瑞／泊瑟芬
奧林帕斯的第二世代
（雖然全部都是宙斯之子，但同父不同母）
雙胞胎
交惡
交惡
阿提密斯
阿波羅
赫菲斯托斯
阿瑞斯
雅典娜
荷米斯
戴歐尼修斯
友好
友好

古希臘原來是這樣!? 目次

第3章 古代希臘人的心理狀態 205

第1章

還原「古代希臘」

1 被漂白的希臘

希臘是在什麼時候，被誰漂白的？

「說到希臘，就想到藍色的天空、藍色的海，和白色的神廟。」

首先，我要說的是：「我們所想像的希臘，原本是用青銅色的來表示天空，用酒紅色來表現海，而用於神廟的色彩更是豐富多彩。❶」

現在，如果有人拿白色神廟的著色圖給你，讓你「塗什麼顏色都可以」，很多人大概會說「為什麼要塗色？神廟原本就是白色的，所以……」，於是不會上色便退回原圖。可是，如果是古代希臘人，就會在白色的神廟著色圖上，塗上紅、藍、黃等等各種顏色，因為他們的神廟原本

❶ 重現古代希臘色彩的神廟與雕刻。

就有著非常豐富的色彩。

我們為什麼會有「希臘神廟＝白色」的印象呢？這樣的印象到底是從什麼時候開始的？又是被什麼人養成的呢？

關於這個問題，一九三九年爆發的大英博物館醜聞，提供給我們明顯的答案。世界上最負盛名的博物館醜聞，就是「破壞了館藏的帕德嫩神廟建築物上長條形裝飾雕刻」❷事件。

「在保護藝術品原本狀態的大原則下，大英博物館的職員有意圖地用鋼絲刷刷剝殘留在長條形裝飾雕刻上的顏色，讓帕德嫩神廟的色彩永遠無法還原。」這一事件，對還原希臘真貌之事，造成了衝擊性的打擊。

大英博物館的職員證實道：「博物館的贊助者說：『要更白一點！那樣更容易被大眾接受！』因為這個命令，所以把裝飾雕刻刷白……」

從這個事件可以明白一件事，那就是「**現在的西歐人認為希臘的神廟必須變成白色的**」。

自十八世紀中葉起❸，歐洲興起「希臘風」，並且認為「希臘必須是崇

❷英國大英博物館館藏的帕德嫩神廟（建築物上部的）長形裝飾雕刻變成白色了。希臘方面認為「這是被掠奪的東西」，要求英國應該歸還給希臘。

❸新古典主義。在追求理性、合理性中，希臘變成了「單純美」的象徵。

高而寧靜的，是單純美的象徵，所以色彩不可以雜亂。大理石必須白得發亮，神廟也非得是白色不可。」

這一印象的變化並不只在帕德嫩神廟上，人們對希臘這個國家的印象，也完全改變了。

西元一八三二年希臘獨立，建立「希臘王國」❹時，巴伐利亞國王的次子奧托一世坐上了希臘國王的寶座。他要求建築師按照他的印象，重新打造了「古代希臘風」的國家。

例如：「雅典是古代希臘的文藝中心，所以要以雅典為首都」，因此決定遷都雅典。然而當時的雅典❺其實只是一個小小的鄉下城鎮，根本看不到古代希臘的光榮痕跡。

於是，當時雅典內充滿伊斯蘭風的錯綜複雜小道與清真寺、公共浴場等等「缺乏古代希臘風」的建築一一被破壞了，取而代之的是新古典樣式的建築物，一座座帶有古代希臘風的建築物出現了。

可是，西方人為什麼如此理想化古代希臘呢？應該是認為**希臘文明是**

❹現在的希臘共和國的前身，就是當初獨立的「希臘王國」。或許有人會覺得奇怪，為什麼外來的德國人卻能成為希臘的國王。其實，當時的希臘雖然說是獨立了，卻還是活在西歐列強的影響力之下。

❺十九世紀前半的雅典風景（左圖）。前方是宙斯的神廟，後方是帕德嫩神廟。

西方世界的共同起源之故吧！

很多人認為都市、民主政治、自由、秩序、理性、以男性為中心……等近代西方人認為歸屬「文明」的東西，有很多源自於古代希臘。**「文明的東西＝古代希臘的東西」**，或許當時的西方人認為這句話並不為過。希臘擁有不同於東方的價值觀，又是西方起源……，這就是近世西方人印象裡「理想的古代希臘」❻。

被漂白的或許是更大的歷史？

但是，到了二十世紀末，更大的問題被提出來討論了。

比起對雕刻所做的「捏造」行為，「捏造了整體的歷史」是更大的問題——沒錯，問題就是**「把古代希臘定位為西方的起源」這件事，難道不是歐洲人在捏造歷史嗎？**

❻十八世紀後半來到希臘的歐洲人認為現代希臘人是「古代希臘人的後裔」，覺得必須解救被鄂圖曼帝國統治的歐洲人始祖——希臘人。這就是西元一八二一年爆發希臘獨立戰爭的原因。現代的希臘人一方面因為世人對希臘的興趣經常不放在現代的他們身上，而是古代的希臘人，感到相當的困惑，但一方面又為自己是「古代希臘人的後裔」感到自豪。這樣的矛盾讓希臘人陷入進退兩難的窘境。

「黑色雅典娜爭議」❼是現在涉及全世界的爭議性大問題。今日的我們對希臘神話中的處女神❽雅典娜的印象，都是金髮碧眼的「白人女神」。但是，那是近兩百年來西歐人想像出來的雅典娜形象吧？雅典娜的真正膚色會不會是黑色的呢？也就是說：**希臘文明的起源乃是誕生了埃及文明的非洲或亞洲，因此西方文明的源頭不是古代希臘，而是在東方。是這樣的嗎？**我們所知的古代希臘，其實是被後世漂白過的古代希臘嗎？

這個實在驚人的問題被提起後，大大地衝擊了西方社會，甚至直到二○一五年的現在，仍還得不到明確的答案。

帕德嫩神廟的色彩被刷掉後，世人再也無法得知原本的顏色。而它原本的色彩是傾向於埃及風或亞洲風嗎？整個古代希臘世界的東方風格色彩，是否也因此完全被刷洗掉了呢？

至少可以確定的一件事，便是：現在存在於我們腦海裡的「**白色的、白人的古代希臘**」❾，是「**西方的人們想要的希臘**」。

為了更清楚地了解希臘，現在我們就試著用現代希臘人的眼睛，去看

❼一九八七年出版，馬丁・貝爾納（Mattin Bernal）著作的《黑色雅典娜》一書，揭開了捏造歷史的問題；這本書也被評為「自聖經以來，東地中海世界最受議論的書」。

❽雅典娜女神（左圖）是雅典這個城市的守護神。參閱102頁。

古代希臘的模樣吧！

❾例如希臘神話中，著名的英雄帕修斯從海怪那裡救出安朵美達公主的故事。安朵美達是衣索比亞（非洲）的公主，原本是黑人的可能性非常高（不過，古代希臘人所說的「衣索比亞」很模糊，範圍很廣），但在西方的繪畫裡，安朵美達完全是一個白人。

吉塞普．西薩瑞畫《帕修斯與安朵美達》

特集1

為什麼血與淚是「綠色」的？——古代希臘人的色彩世界

「酒紅色的愛琴海」、「酒紅色的羊」。
「滴下的綠色血與淚」、「閃亮的綠色蜂蜜與綠色的雨」。
「彩虹是由三種顏色構成的……綠色、紅色和紫色」。

上述是古代希臘人表現顏色時的幾個例子，但對我們來說，那樣的表現法是很奇怪的。為什麼不是用藍色來表現海，而用酒紅色來表現呢？還有，血液和淚水的顏色看起來是綠色的嗎？古代的希臘人看不到以藍色為主的種種色彩嗎？無法分辨那些顏色嗎？或者，他們看得見那些顏色，只是沒有可以形容那些顏色的語言（例如：古代希臘語裡，沒有純粹表示「藍色」的單字⑩）？首先可以拿出來作為這個問題答案的，就是「顏色」概念的不同。對我們來說，說到「顏色」，馬上想到的是「色相」的不同（紅色、黃色、綠色、藍色……），但對他們來說，「明與暗」或「白與黑」等明度與彩度的不同，似乎更為直接，所以對彩虹的顏色⑪相對比較遲鈍。

還有，古代希臘人的「顏色表現」運用，並不是用來形容物體的外表或表面的色彩，而是在表現物體的質感或其本身特質。

例如古代希臘語的「綠色」，會被廣泛地用來表現豐實的、新鮮的，所有擁有生命力的東西。所以朝露、淚水、血液，甚至手腳，都會用綠色來表現。

另外，「紫色」被用於表現漂流的、轉動的東西，所以對古代希臘人而言，大海和波濤起伏的波浪是紫色的。

而白色用於表現動作快速的東西，所以狗或馬用白色來表現。

將上述的說明，與本文開頭列舉的希臘人的色彩表現做一對照，就可

⑩可以表現藍色的語言是「kyanos」與「Glaukos」。
．希臘文的 kyanos 用於表示黑、深綠、深藍、深灰等「明度低的顏色」。
．希臘文的 Glaukos 用於表示灰、灰綠、灰藍、土黃色、褐色等「彩度低的顏色」。這兩個字都不能單獨地用來表現藍色。

⑪不過，表現彩虹的顏色從一個色到三個色、四個色，隨著時代的不同，也有七個顏色的時候。

以看到：

「酒紅色的愛琴海」、「酒紅色的羊」。

↓「波濤起伏的愛琴海⓬」、「來回走動的羊」。

「滴下的綠色血與淚」、「閃亮的綠色蜂蜜與綠色的雨」。

↓「擁有生命力的血與淚」、「閃閃發亮的新鮮蜂蜜」。

就這樣，古代希臘人在顏色裡頭看到了種種事物⓭。

⓬也有一種說法認為酒紅色的海是在表現日落時海面的深色。「酒紅色」正表現深色的顏色。

⓭不使用眼睛看到的顏色，而用印象顏色來表現事物，也是我們常常用到的色彩表現，例如我們也會說「紅色的太陽」、「鬱鬱蒼蒼的樹木」等等。

2 超過千年空白的「希臘史」

為什麼沒有「中世紀希臘人」？

自二〇〇九年爆發嚴重的經濟危機後，希臘⑭一躍成為世界新聞的頭版焦點。

「古代希臘出了很多了不起的偉人，例如蘇格拉底、亞里斯多德⑮，今日的希臘怎麼無能到讓自己的經濟破產呢？」

我常聽到這類感言。但這或許是從繩文時代開始到現代，一萬六千五百年左右從沒中斷過本國歷史的日本人，才會有的感想吧！

我也常聽到「古代希臘人」、「現代希臘人」這樣的詞語，但卻不曾聽

⑭ 希臘（Greece）這個名字源自 Magna Graecia（「大希臘」）這個字，是外國人擅自制定的名稱。在希臘語裡，希臘是 Hellas（現代希臘語發 Ellas 的音，古代希臘語發 Hellas 的音）。這種情形就像外國人稱日本為「Japan」一樣。

⑮ 蘇格拉底是古代希臘的第一位哲學家，亞里斯多德是其再傳弟子，有「萬學之祖」之名。

過「中世紀希臘人」這樣的表現詞語。這是因為中世紀到近世紀約一千年左右的時間裡，沒有人稱自己是希臘人。希臘史因此空白了一千年，古代希臘人一度完全被消滅，現代希臘人與古代希臘人沒有直接的血緣關係，也缺少歷史的銜接。

為什麼中世紀的時候沒有希臘人呢？是因為被古代羅馬吸收了。從西元前二世紀左右開始，受羅馬統治的古代希臘人，逐漸地稱自己為「Romaioi（羅馬人）」⓰。如此在政治上那樣對自己比較有利。

於是，「希臘人」一詞逐漸變成「野蠻人」的代名詞。希臘人就在這樣的情況下喪失了主體性，以至於到了六世紀時，幾乎完全沒有人稱自己為「希臘人」。

直到十九世紀，才又出現自稱希臘人的人，那時正值希臘發生獨立戰爭的時候，算起來「希臘人」已經在地球上消失一千年了⓱。

因為這樣的歷史斷絕，現代希臘人與古代希臘人在宗教面上有著很大的不同。現代希臘人是一神教的基督教（東方正教）⓲信徒，對相信希臘

⓰依據西元二一二年頒佈的安東尼努斯敕令，所有住在羅馬的人，都要成為羅馬人。

⓱希臘史的空白期為六世紀到十九世紀的希臘獨立戰爭之間，在那段期間裡，「希臘」並不存在，完全被東羅馬帝國與鄂圖曼帝國併吞。

神話（當然是多神教）的古代希臘人來說，現代希臘人「是異教徒，更是和自己完全不一樣的同夥人」。

因此，十九世紀的希臘獨立後，在周圍自私的想像下，要把希臘的城鎮改造成古代希臘風的城市時，許多希臘人發出了不滿的聲音，例如：「古代希臘什麼的，對我們來說到底有什麼意義？」、「為什麼為了保護遺跡而奪走我們現在生活的土地？」等等。

但是，當產生「實際來到希臘後，原來希臘和自己的想像不一樣……」之念頭的西方人開始遠去，希臘熱潮開始降溫後，輪到現代希臘人開始想創造「我們的希臘」了。現代希臘人融合了心中原本背道而馳的「古代希臘」與「基督教」、「東方」與「西方」的要素，站在「西方文明起源」的立場，利用人們對古代希臘的想像印象，在「以歐洲人為對象，實實在在地賺一票吧」的想法下，創造了如今深具魅力的「希臘」。

可以說現代希臘人⑲頗厲害地融合了不同的宗教、血緣，在精神上把古代希臘當作自己的榮耀。

⑱東方正教會和天主教、新教一樣，是基督教的一支，其最大特徵是禁止偶像崇拜，所以聖堂之內不會有立體的塑像。希臘的教堂，以圖像（宗教畫）做裝飾。

蓋在奇岩上的東方正教著名修道院（麥泰歐拉修道院）。

⑲問現代希臘人「對古代希臘有何想法」時，會得到各式各樣的回答，其中包括了「觀光客的目標是古代希臘，對我們（現代希臘）並不感興趣」、「歐洲人佔據了古代希臘的光榮，現代的希臘只

以下的話便是現代希臘人以古代希臘為傲的表現——

「我們希臘人發明哲學、天文學與民主思想時，你們歐洲人還是森林裡的猿猴呢。」[20]

不存在「古代希臘」

從現代往以前追溯，來到古希臘時代時，雖然那個時代確實存在著讓現代的我們容易誤解的部分，但是，首先我們注意到的，**便是在古希臘的時代裡，不曾存在以「希臘」為名的國家。……從西元前八世紀以來，古代希臘是大大小小約一千五百個城邦**[21]**組成的共同體，並非一個統一的國家**。古代希臘是沒有絕對權力統治者[22]的世界，雖然有貴族、平民的身分差別，但是所有階級的人都可以擁有土地，都具有社會的獨立性。

剩下瓦礫和貧窮」這般的回答。

⑳ 在描寫現代希臘人的喜劇電影《我的希臘婚禮》裡，希臘人對西方人說的台詞。順便一說，不少影響了世界的希臘語裡，也有很多可笑的話法。例如日語裡「著物」（譯注：和服，發「kimono」的音）的語源，或許來自希臘話的「冬天」（譯注：希臘語 χειμνα，發「kimonasu」的音）吧？因為冬天到了，人就要穿衣服。

㉑ 城邦是以山城與廣場為中心的地方自治團體。一個城邦的居民再多也不會超過一萬人。

但是，「現實的古代希臘明明沒有國王，為什麼希臘神話裡出現了那麼多國王？」或許有人會如此發問。這是因為古代希臘開始以前的邁錫尼時代㉓有國王。對古代希臘人而言，神話是「遙遠過去」的事情，所以反映著這個世界觀（參閱第二章內容）。

還有，希臘之所以無法形成一個國家的一大原因，在於這個地方的土地多山，幾乎少有平原，加上是由許多小島組成的。

平地少而小島多這一點，或許和日本的國土很相似，但關鍵是不管從前或現在，希臘都是雨量少又土地貧瘠的地方㉔。在到處是岩石的貧瘠土地上，竟然也能孕育出人類的智慧花朵，這實在太讓人驚奇了。然而古代希臘人卻說：「肥沃土地孕育出來的人反而貧瘠，就像亞洲人那樣。」㉕作為亞洲人的我們看到這句話時，心情真的有夠複雜。

既然希臘不是個被統一的國家，那麼我們該如何定義「古代希臘人」才好呢？關於這個問題，古代希臘人自己做了以下的說明：

㉒斯巴達城有世襲之王，但權限被嚴格控制。

㉓邁錫尼時代建造的門。其內有數面城牆圍繞的堅固宮殿。

㉔希臘的季節分為乾季（3～10月）與雨季（11～2月）兩季。雅典一年的平均降雨量是東京的四分之一，而且都集中在雨季。或許有人會有「以前曾經雨水豐沛，綠意盎然吧？」的想法，而且古代希臘人自己也覺得「以前這一帶有肥沃的土地」。但是，經過研究的

「我們都是赫倫人，有相同的血緣，說相同的話，信仰相同的神，還擁有同樣的生活習慣。」（希羅多德《歷史》）

也就是說，有著相同的祖先，都說希臘語，並且相信希臘神話，過著同樣生活方式的那些人，便是「古代希臘人（赫倫人）」。本書接著要敘述的，就是關於他們的神話與日常生活。

古代希臘語裡為什麼沒有「海」這個單字？

最後，就來說說古希臘成立之前的時代吧！說到希臘，很多人都會聯想到靛藍的海洋㉖，而且我們也可以從地圖上看到，希臘是被地中海、愛琴海、愛奧尼亞海包圍的半島。但是，儘管如此，古代希臘語中卻沒有「海」的單字。

結果，希臘這個地方自古以來便土壤貧瘠，甚至可以說在現在人的努力下，如今的綠意更勝於過去。

㉕有「醫學之父」之稱的古希臘醫者希波克拉底的醫學全集，在關於「空氣、水、地方」的論文裡，有以下的論述：「亞洲人居住的地方不會極冷也不會極熱，氣候的變化不大，這就是亞洲人懶惰、懦弱的原因。」醫學之父會說這樣的話，實在令人不敢相信。

在古代希臘語裡，用以表示海的「θάλασσα（音Talassa）這個字，是由古代希臘語沒有的音拼成的，相當於日語裡原本沒有的「拉麵」、「咖哩」、「思巴給替（義大利麵條）」等外來語。這意味著：**古代希臘人原本是住在不知道海是什麼的某個地方的民族**。

原本居住在歐洲內陸的原始希臘人㉗，在不知何時、不知什麼原因，移居到巴爾幹半島的現在希臘一帶。那時或許曾經出現了以下的對話——

「喂，那位原住民，那個大湖泊叫什麼名字？」原始希臘人說。

「哦？你們不知道『海（音Talassa）』嗎？」……。

「Talassa」這個音，應該是當地原住民的語言。

就這樣，移居到現在希臘之地的人們，吸收了原住民的文化，也征服了原住民，成為「古代希臘人」。

這個民族性移動的經驗，對他們的神話也有很大的影響。例如：原本是地震之神的波塞頓，變成了海神（因為地震與海嘯是一個組合）。

㉖ 浮現於藍色海面的無數小島與美麗的海岸，是希臘風景的代名詞。

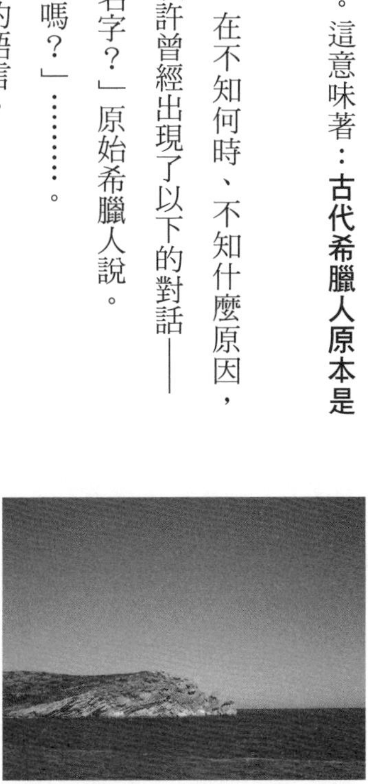

㉗ 他們是印歐語系民族中的一支。依照南下時序，印歐語系民族分為愛奧尼亞系、伊奧里斯系、多利安系。最後南下的多利安系多於愛奧尼亞系、伊奧里斯系。

另外，他們原本的主神「宙斯」，與原住民的女神「希拉」結合了，不僅成為希臘神話中最著名的一對夫妻，也演化出至尊天神宙斯與諸神之女王希拉[28]的許多故事。

現在，我們就走進極富色彩的神廟，一窺被供奉在諸神廟裡眾神們的種種鮮活神話吧！

[28] 參閱76頁。

特集2

帕德嫩神廟的七大不可議
——在「百步寶物殿」瓦礫中的清真寺

說到希臘最著名的遺產，就數雅典的帕德嫩神廟㉙了。幾乎所有人都曾經看過帕德嫩神廟的照片，或從電視上看到過與這座神廟有關的訊息。帕德嫩神廟可以說是所有人對希臘神廟的印象。

可是，這座神廟不僅暗藏許多神祕，也是一座異形神廟。我們就在此多少解開些許帕德嫩神廟之謎吧！

❶帕德嫩神廟最早被稱為「百步寶物殿」

這座神廟建於西元前五世紀，是非常了不起的建築，但在建設之初，

㉙帕德嫩神廟始建於西元前四四七年，於西元前四三八年完工，至今一直座落於雅典的衛城（山城）。

神廟的名字並不是「帕德嫩」，而是赫卡托巴恩(Hekatompedos，「百步」之意)。不知道這名字的由來為何，但有人認為這個名字與「神廟內部的房間能走一百步（約三十公尺）」有關。

2「帕德嫩」（原文 Parthenon）這個字意指「處女所在之地」

「帕德嫩」這個現代使用的名稱，首見於西元前四世紀的史料之中。「帕德嫩」是「處女宮」（處女所在之地）的意思，但是為什麼會有這樣的名稱呢？卻不得而知。關於這一點的說法有很多，一般的說法是：因為與這座神廟奉祀的女神雅典娜是處女（Parthenos）之故。不過，也有人說：因為這裡是織造獻給女神雅典娜之衣物的處女住的地方；或說：以前這裡是以處女為犧牲的地方。

3從前門進入看到的其實是神廟後側

古代希臘神廟大多依東西向而建，帕德嫩神廟也沒有例外，是向東而建的神廟，其入口處就在東側㉚。但是，從前門進入後，我們看到的卻是神廟的西側，也就是神廟後側。

為什麼不把前門做在神廟東側的正面呢？因為帕德嫩神廟蓋在衛城（山城）東側，那邊是十分險峻的斷崖絕壁，沒有辦法鋪設人們可以上、下山的路徑。

4 帕德嫩神廟不是神廟

神廟的正面一定有祭壇㉛，這是為了面向神廟舉行祭儀時而必須存在的建築。但是，帕德嫩神廟沒有祭壇。帕德嫩神廟中雖然有一尊巨大的雅典娜女神像，但這尊像卻不是雅典人祭奉的對象，而是「儲備金子以防萬一用的雕像」。因此，穿戴在雅典娜神像上的黃金飾物，均是經過一番作工，可以在必要之時從神像上取下來使用。

帕德嫩神廟不僅沒有祭壇，也沒有所謂的神官和舉行奉祀神像的祭祀活動。也就是說，帕德嫩神廟不是一般神廟，其本質更接近於「寶藏庫」。

㉚ 從正面（東側）看到的帕德嫩神廟。

㉛ 希臘祭壇在神廟的外面（室外）。這是為了焚燒犧牲（動物）時，讓煙可以直達天上的眾神處所。

5 帕德嫩神廟在中世紀時變成基督教教會，後來又變成伊斯蘭教清真寺，其後還被利用成為戰爭時的要塞，最後被炸毀。

進入中世紀後，已經沒有自稱是「希臘人」的人了，當然也沒有信仰古代希臘諸神的人。可是，帕德嫩神廟仍舊屹立在原址。

西元六世紀左右，帕德嫩神廟被改建成聖母瑪利亞教會，但在十五世紀時被鄂圖曼帝國佔領，聖母瑪利亞教會又被改造成伊斯蘭教的清真寺[32]，雖是不同的宗教，但依然作為宗教信仰的場所。

不過，進入十七世紀以後，在威尼斯軍的威脅下，鄂圖曼帝國認為「帕德嫩神廟是西方人尊敬的地方，應該不會攻擊神廟」，把帕德嫩神廟改造成貯藏彈藥的要塞。然而威尼斯軍仍然不顧一切地以砲彈進行攻擊，引爆貯藏在神廟內部的彈藥，造成了大爆炸……

歷經兩千年，遭逢無數的地震也沒有被震垮的帕德嫩神廟，竟因為這次的大爆炸而幾乎全毀。[33]

[32] 因為這個改造，位於東側的入口被封鎖了，而教會的鐘樓或清真寺的叫拜樓則被築起了。

（左圖）十七世紀時的帕德嫩神廟。可以看到叫拜樓。

6 古代的帕德嫩神廟有，修復後的現代帕德嫩神廟沒有的東西

十九世紀希臘獨立後，便開始「恢復古代希臘的帕德嫩神廟」[34]的修復，直至今日。不過呢，有一個東西是古代的帕德嫩神廟有，修復後的現代帕德嫩神廟卻沒有的，那就是「色彩」。

如同前面說過的，「真正的」帕德嫩神廟並不是白色的，而是極富色彩的建築物！

帕德嫩神廟不是神廟，它是教會、清真寺、軍事要塞……，是擁有多重身分的不可思議建築物。它也不是白色的，而是極富色彩的。希臘複雜的歷史與特質，似乎濃縮在帕德嫩神廟裡了。

7 日本與帕德嫩神廟的關聯

乍看之下，帕德嫩神廟完全由直線構成，但是為了排水，地板的中央是微微隆起的，而柱子的建造也是往內側傾斜的。

[33] 建築在化為瓦礫的帕德嫩神廟中的清真寺。

[34] 這裡的伊斯蘭教式裝飾被拆除了。這件事也受到了批評，因為帕德嫩神廟的歷史不單只有希臘。

還有，帕德嫩神廟的柱身在構造上是中央微胖，往上漸瘦的樣式，並且表面有微凸起的「圓柱收分線」線條。古代希臘人在柱子上製造凸線的原因有幾種說法，例如：「遠看以直線構成的柱子時，會因為眼睛的錯覺，而產生柱子中央凹陷的感覺」，及「為了讓神廟整體看來穩重威嚴（讓屋頂看起來像沉重得可以壓垮柱子般）」、「比起直線瘦細的柱子，中央微胖的柱子在結構上更牢靠」等等。

其實，在西元後七世紀建成的世界最古老的日本木造建築法隆寺㉟，寺內柱子也有「圓柱收分線」的微凸線條。明治時代的人發現到這點後，出現了一個看法，認為：可能是亞歷山大大帝東征時，讓希臘的「圓柱收分線」跟著經由印度傳到東方，影響了日本法隆寺㊱。

西元前五世紀完成的希臘帕德嫩神廟的中圍變粗柱子，經過了一千年歲月，從希臘通過西方、中東、東方，傳到了相距六千公里的日本……這是多麼雄壯的戲劇性故事！不過，很遺憾的，人們並沒有找到可以證實這個說法確切的依據（如果這個說法確實的話，那麼從希臘到日本的廣大地

㉟伊東忠太《法隆寺建築論》（一八九三年）高度評價日本美術的明治時代東洋美術史學家費諾洛薩，在他著作的《東洋美術史綱》中提到，日本的一部分歷史學者相信：法隆寺的建築，受到從中國傳入的希臘式佛教美術的影響。

㊱法隆寺內有「圓柱收分線」的柱子（右圖）。另外，克里特島克諾索斯王宮的柱子，則是上粗下細的倒柱形狀，而且也不是當時常用的石材，是以柏木做成的。一般認為把柱子做成上粗下細形

域裡，一定存在著擁有相同形狀柱子的構造物）。所以說，日本的法隆寺與希臘的帕德嫩神廟有相同形狀的柱子，兩者間純屬「巧合」的可能性是更大的。

狀的原因，是為了降低雨水對木質柱子的損害。

日本橫濱市的大倉山紀念館也有這種形狀的柱子。（大倉山是雅典的姊妹市，市內的道路風格也有希臘風。）

第2章

希臘神話的世界

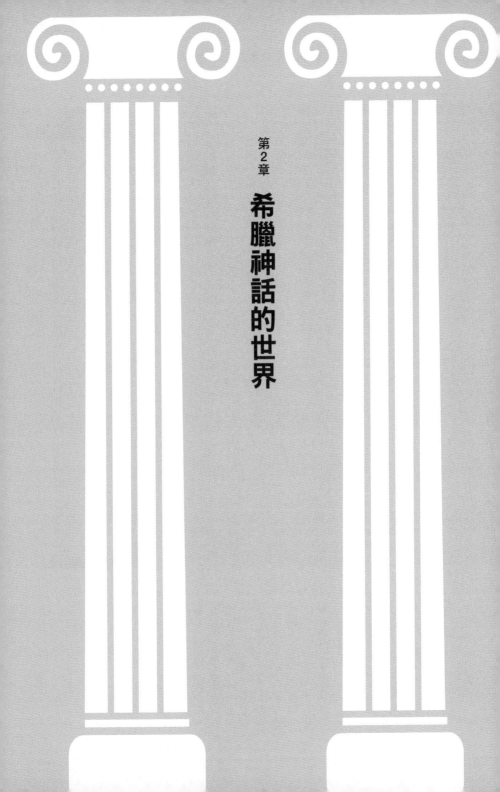

1 希臘神話的真面目

以前神話為何殺人？

聽到「希臘神話」這幾個字時，會先想到什麼呢？

會想到與占卜有關，如夢幻般存在的十二星座神話吧？或者是神與人類糾纏不清的，熱烈又浪漫的愛情故事呢？

我們現在認為是希臘神話的東西，跟古代希臘人所談論的原本神話有何不同呢？首先舉一個例子來說吧！

例如大家熟悉的十二星座中的「雙子座」❶。

❶以這個雙子座為首的「十二星座」本身，並不是古代希臘人創作的。「十二星座」（十二宮）起源於巴比倫的中東美索不達米亞，希臘人不過是把神話和十二星座做了連結。

獵戶星座（Orion）是大家熟悉的希臘固有星座，但是在古代希臘語裡，Orion 有「在小便的男人」的意思。古代還有「Orion 大人，感謝您賜予尿液」這樣的說明文字，一點也不浪漫。

這個星座的名字，來自雙胞胎兄弟「卡斯托耳與波魯克斯」的神話。

喜歡占星術或喜歡星星的人，或許都知道這個神話。

感情很好的這對雙胞胎兄弟同生同死，如今還可以透過天文館的天文望遠鏡，看到他們並列天際，想像雙胞胎幼時的少年模樣。

可是，**古代希臘神話裡的這對雙胞胎，竟是率領軍隊在許多城市引爆戰火，來自斯巴達的恐怖軍神❷。**

「很久很久以前，卡斯托耳與波魯克斯為了救回被擄走的妹妹海倫，於是帶領了龐大的軍隊攻打古雅典，讓古雅典這一帶的村莊化為廢墟。」

（根據希羅多德的《歷史》）

這雖然是神話的虛構性故事，卻對古代希臘的現實世界有著非常大的影響，有時甚至可以決定人的生死。

例如西元前四三一年發生於希臘的伯羅奔尼撒戰爭。那時，斯巴達軍

❷騎著馬，手持長槍與戰神阿瑞斯一起作戰的卡斯托耳。

掠奪女性的卡斯托耳與波魯克斯。

隊攻進了古雅典市，但卻沒有攻擊德克萊亞地區。其原因如下：

「（神話時代）我們斯巴達人的軍神卡斯托耳與波魯克斯攻入古雅典的時候，聽說只有這個地區的人們站在我們斯巴達這邊。那時（神話時代）受到這個地區人們的照顧，所以我們現在不能破壞這個地區。」

就是這樣。古代希臘神話中一位出場人物的行為，便能決定現實中許多人的生死。

對古代希臘人來說，神話不是荒誕無稽的童話故事，而是為了說明「這個世界是如何開始❸、是由何構成」的科學，是記憶自己的祖先是如何活著、如何戰死的歷史。

對他們來說，神話是科學、是歷史、是政治，在戰爭時有左右人們生死的影響力，是極為現實的致命性物語。

所以，現在我們就來解開**像血一樣鮮活的希臘神話**❹之紐吧！

❸「世界始於混沌（卡俄斯）」。這句著名的話，便是希臘神話的最初。不過，卡俄斯被翻譯成「混沌」，則是古羅馬時期以後的事。在古代希臘語裡，「卡俄斯」是「裂縫」的意思。也就是說，世界之初的狀態是「裂縫」。

❹希臘神話是以「古代希臘人說的原本希臘神話為基礎」，其上除了有一層「古代羅馬人二次創作的希臘神話」外，還有多一層「文藝復興時期以來人們三次創作的繪畫與故事」。就這樣，希臘神話是以千層酥的狀態形成的，而我們現在所看到的希臘神話，可以說大多有兩層以上的堆疊，接觸「古代希臘人說的原本希臘神話」的機會非常少。

為什麼諸神殘酷地殺死了凡人？

「希臘神話的諸神為何那麼殘酷？為何會任性地殺害凡人、隨意擄走凡人呢？」

這是我們經常會聽到的疑問。確實，古代希臘的諸神也和凡人一樣，有喜怒哀樂，會愛上某個人，也會犯下詐欺、偷竊、通姦、殺人等等罪行。

面對那些疑問時，或許可以用下面的想法來做理解。

我們人類也是很殘酷的，尤其在撲殺會飛的昆蟲類時。但是，昆蟲中也有因為長著漂亮的翅膀，而被人類愛惜地養在蟲籠內的蝴蝶，也有因為長著尖銳的針而被人類害怕的蜜蜂。

古代希臘神與凡人的關係，類似現代人類與昆蟲的關係。也就是說，諸神「**在凡人眼中是擁有超強能力的存在者，他們不是深具仁愛之心的慈愛者，更不會博愛全體人類**」。

古代希臘諸神與凡人的唯一不同之處，只在於「會死？還是不會死?」。換言之:凡人是「會死的神」,而諸神是「不會死的人」。除此以外,諸神和凡人一樣,甚至比凡人具有更強烈的愛恨之情、更殘酷的手腕。

諸神的形體與凡人一樣❺,也和凡人一樣會笑、會哀嘆、會生氣、會愛、會嫉妒、會怨恨,還會因凡人想像不到的原因而輕易殺人。他們是可怕的不死存在。這就是古代希臘人信仰的諸神。

❺阿波羅。神以理想的凡人形象來顯現自己的姿態。古代羅馬人認為「神是無形的」,所以諸神的形象是借用凡人的模樣,來表現各自的相對地位。

2 奧林帕斯十二主神與其履歷表

如何看懂諸神履歷表

盜賊的守護神、明明是戰神卻經常打敗仗的神、從頭到尾閉門在家的神等等，古代希臘神話裡的諸神，真的個個性格分明、豐富。而且每位神的個性不同，舉行的祭儀也不一樣。例如：古代希臘人如果生了孩子，就要去阿提密斯的神廟參拜，有煩惱的時候要去阿波羅的神廟請求神諭，想偷東西的時候要去偷盜之神荷米斯的神廟獻供品，古代希臘的各個城鎮，還都有各自的守護神。如此看來，古代希臘人可以說是隨時隨地與神生活在一起。在古代希臘世界裡，人生的每一個時期，都少不了個性鮮活的神祇。

我用現在我們所熟悉的履歷表方式，整理了這些各具特色的神的職業、個性、說過的話、出身地、生日、經歷、主要的祭祀儀式等等。

在這裡要特別提出的，便是有諸多神祇與英雄的希臘神話中主要成員——「奧林帕斯十二主神」的履歷表。只是，古代希臘並沒有明確地規定這十二主神❻是誰，幾乎是由各城市自由決定，自行「推舉十二位神」。本書列出的十二主神，乃是最常被推舉的十二位。

還有，希臘神話並不是由一位詩人，或由一個國家以權力創作出來的東西，而是由每個城市，在各個時代各自發展出來的東西。所以就像有「雅典娜是處女神」之說，同時也有「雅典娜不是處女神」之說一樣，一個神話的背後經常存在著與這個神話相反的論點。也會有對其他城市的神話，無事生非地要求「喂，這個神話對我們非常不友善吧！馬上給我改掉！」的情形。

「古代希臘人相信的一個神話，卻會有好幾種論點，不覺得這樣很奇怪

❻最常被放在奧林帕斯十二主神的神有：宙斯、波塞頓、希拉、雅典娜、阿波羅、赫菲斯托斯、阿瑞斯、荷米斯、狄蜜特、阿芙蘿黛蒂、阿提密斯。

海絲蒂亞和戴歐尼修斯也是常被放入十二主神之列的希臘神祇。不過，科斯島的十二主神並不包括阿瑞斯和赫菲斯托斯，取代他們的是戴歐尼修斯和海格力斯。

又，在奧林帕斯十二主神的祭壇列名的，則包括了美惠三女神卡里忒斯、河神阿爾甫斯、農耕神克洛諾斯和其妻瑞亞。

就這樣，十二主神是由哪幾位組成的，完全由各個地方自主決定。

嗎？」這是確實存在的疑問。但是，**就像二十一世紀的我們對於過去歷史的認知，每個國家並不一致那般，古代希臘人對於神話認知，每個城市也未必相同。**

又，希臘神話隨著年月而一層層堆起❼、形成，到了十世紀之後，又加入了文藝復興時期的新神話，如今也配合現今的時代，加入了新的有趣神話。

總之，這個世界上沒有「正確的希臘神話」，這裡所敘述的希臘神話，僅是這個著名又有趣神話的一部分。希臘神話一直不斷被重新述說，就像有生命的物體般，配合著時代在變化。請讀者諸君們也去發現自己喜歡的神，並以自己的想法，給他們的存在添上新的解釋吧！——就像古代希臘人做的那樣！

❼本書所做的履歷表內容，摘錄自西元前八世紀的敘事詩《伊利亞德》到西元後十世紀的最古老希臘語百科《蘇達辭書》。

■「諸神履歷表」的閱讀法

出生日	不明。不過，每個月的第 15
出生地	克里特島的狄克特翁山洞 其他種說法。
家族成員	父／克洛諾斯 母／瑞亞 妻／希拉（還有說是狄 子女／【天神】雅典娜、 斯、阿提密斯、阿 歐尼修斯、泊瑟芬（ 其他還有很多。 【凡人】海格力斯、 斯、卡斯托耳、海 還有很多。
外號	尼菲雷格利答（烏雲之神）、阿菲西歐斯（降雨之 （凶暴之神）、伊格麥歐斯（濕氣之神）、利梅諾 視者）、邦赫利尼歐斯（所有希臘人的神）、修巴 西波利士（城市守護者）。
女性關係	**數不清** **·智慧女神墨提斯** 宙斯猛力追求智慧女神墨提斯，終於追到手，但 斯所生的兒子將會奪取他的王權，便一口吞了墨 頭痛不已，於是鑿開腦袋，誕生了雅典娜（參閱 除了墨提斯外，宙斯也追求了狄蜜特、勒托、忒彌 **·凡人少女伊俄** 宙斯以為與伊俄偷情之事能瞞過希拉，但還是被 保護伊俄，宙斯便將伊俄變成一頭母牛……。希 果你問心無愧的話，可以把那頭牛給我嗎？」宙 後來得到荷米斯的幫助而逃離希拉之手。⑨
男性關係	**·伽倪墨得斯** 特洛伊的美少年。宙斯變成巨鷹劫走伽倪墨得斯， 神斟酒（寶瓶座的典故便是來自伽倪墨得斯）。⑩

①荷馬《伊　……卷第422行以下
第十四歌第　……《荷馬的諸
（讚歌第三號　……《特洛伊戰記》
⑦荷馬《伊　……第886行以下
臘神話》第二　……下，及其他。
第十卷第14

諸神中有的神的生日是月生日。也就是說每個月就有一次生日。例如阿波羅的月生日是7日，也就是說每個月的第七天都是阿波羅的生日，要慶祝阿波羅的誕生，因此阿波羅一年有十二次～十三次的生日。
不過，一年中最大一次的阿波羅生日活動，在Thargelion月的第七天（關於古希臘曆，請參閱213頁）。

眾神以最高位神宙斯為中心，是個龐大的家族。
希臘神話裡雖然有許多兄弟姊妹間的近親婚姻，但古代希臘人並不會做近親結婚這種事。

也可以稱為別名、稱號。
一位神能夠橫跨多個領域，例如荷米斯是諸神使者，也是騙子神等等。但若單純地以名字稱呼「荷米斯神」，那麼凡人無法得知可以向這位神祈求什麼。如果把別名或稱號連帶著稱呼，例如「傳令神荷米斯」、「騙子神荷米斯」，這樣就能夠知道這位神掌管著什麼，可以向他祈求什麼了。
只是，需要要傳令神荷米斯時，來的卻是騙子神荷米斯，那就麻煩了。
此外，荷米斯也很擅長使用語言，是雄辯之神。
另因為地區的不同，帶著同一稱號的荷米斯可能在這個地區受到崇拜，卻在別個地區被厭惡。
別名、稱號的由來相當深奧，有些古代希臘人不懂的別名或稱號，直到現在還是沒有弄清楚。例如阿波羅有個別名叫「福玻斯」，這個別名到底意味著什麼？今人還是不甚明白，只能猜測可能是「發光者」的意思。（譯注：希臘語「福玻斯」Φοβο 的相對意思是「發光的，燦爛的」。）

「為什麼男神會跟男性有性關係？」一定有人有這樣的疑問。其實，同性戀在古代希臘是很普遍的事情，有些城市甚至定下法律，鼓勵同性戀。
不過，因為年少男性的身體由年長的男性來「教育」，所以眾神與凡人男子的性愛上，眾神是「攻」。
※但戴歐尼修斯是「受」。

第 2 章 ● 希臘神話的世界——2 奧林帕斯十二主神與其履歷表

宙斯在希臘神話中的主要經歷

誕生	・父親克洛諾斯害怕兒子奪王權，便把出生的孩子一一吞進肚子，只有最後出生的宙斯逃過了父親的吞噬，被藏在克里特島的山洞中長大。
成年期	・讓父親克洛諾斯吞下芥末與鹽，救出曾經被父親吞進肚子的兄姊們（希拉、波塞頓及其他）。
	泰坦之戰 戰爭的雙方為父親克洛諾斯領軍的泰坦神族軍，與兒子宙斯領軍的奧林帕斯軍。這場打了長達十年的戰爭最後由宙斯的奧林帕斯軍獲勝（參閱 82 頁）。 獲勝的立功者宙斯、波塞頓、黑帝斯抽籤後，決定宙斯統領天界、波塞頓統領海界、黑帝斯統領冥界。
	・宙斯向希拉求婚，但最初遭拒，於是變身成一隻模樣可憐的小鳥去接近希拉，獲得希拉的憐愛，抱入懷中。 ・宙斯與希拉的初夜**持續了三百年之久。** ・有眾多子女，阿瑞斯、赫菲斯托斯、阿波羅、阿提密斯等等。**（大多為非婚子女）**
	癸干忒斯（巨人大戰） 巨人族與奧林帕斯神之間的戰爭，靠著英雄海格力斯之助，眾神合力擊退了巨人族。
	與怪獸堤豐之戰 宙斯初戰堤豐敗北，被切走肌腱後受困。但是荷米斯偷了被藏起來的宙斯肌腱，還給宙斯。宙斯恢復神力，打敗堤豐，將堤豐仍進埃特納山（所以埃特納山至今仍因堤豐的怒氣而持續在噴火）。
	・因為希拉、波塞頓、阿波羅的背叛而受困，但得到海洋女神的幫助後解除危險。
西元前十二世紀左右	**特洛伊戰爭** 宙斯以特洛伊戰爭來調整人口過多的問題，讓許多人喪生於戰火。宙斯在這場戰爭中站在中立的立場。

主要崇拜地與具有特徵性的禮儀

大多在山頂舉祭奉儀式，以牡牛、公羊為祭品。

・奧林匹亞競技會

現代奧運的濫觴。始於西元前七七六年，當時是為了獻納宙斯而主辦的活動，也是古代希臘最大的競技活動。奧林匹亞競技會於夏天時舉行，每四年舉辦一次，競技會期間禁止所有戰爭的行為。在古代希臘，贏得這個競技會的優勝，便是最大的榮譽。

奧林匹亞競技場。前面的石頭是起跑線。

・多多納的宙斯神諭所

以宙斯的神木，即橡樹的葉子所發出的沙沙聲為神語，並以此解釋神諭。

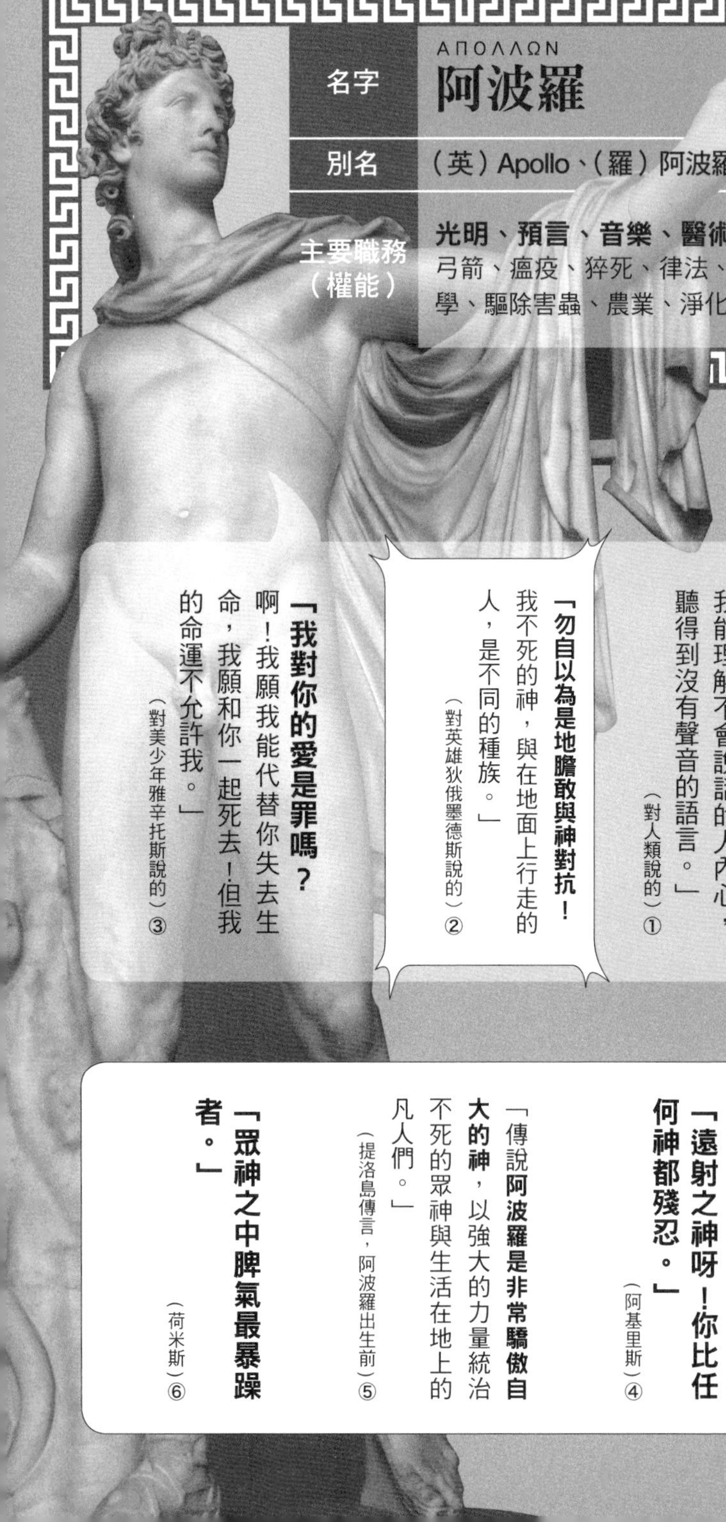

名字	ΑΠΟΛΛΩΝ **阿波羅** 男性
別名	（英）Apollo、（羅）阿波羅
主要職務（權能）	**光明、預言、音樂、醫術**、藝術、弓箭、瘟疫、猝死、律法、道德、哲學、驅除害蟲、農業、淨化……。

阿波羅名言

「我知細沙的數量，也知海的大小。我能理解不會說話的人內心，聽得到沒有聲音的語言。」（對人類說的）①

「勿自以為是地膽敢與神對抗！我不死的神，與在地面上行走的人，是不同的種族。」（對英雄狄俄墨德斯說的）②

「我對你的愛是罪嗎？啊！我願我能代替你失去生命，我願和你一起死去！但我的命運不允許我。」（對美少年雅辛托斯說的）③

周圍對阿波羅的評價

「遠射之神呀！你比任何神都殘忍。」（阿基里斯）④

「傳說**阿波羅是非常驕傲自大的神**，以強大的力量統治不死的眾神與生活在地上的凡人們。」（提洛島傳言，阿波羅出生前）⑤

「眾神之中脾氣最暴躁者。」（荷米斯）⑥

從異國的死神和瘟疫之神，一躍成為「最具希臘風格」的光明之神

阿波羅被認為是「最具古代希臘風格」的神，同時也是掌管古代希臘就已非常發達的藝術、醫術、哲學等領域的光明之神。

不過，阿波羅原本並不是希臘的神，而是來自異國的神，並且還被視為是宛如死神或疫神之類的神。

由於他所掌管的是概念性的「光明」，隨著時間的前進，人們似乎把他與太陽神赫利俄斯混為一體了。

因為二十世紀「阿波羅十一號」登陸月球的關係，阿波羅和月亮也有關聯了。

從阿波羅的變化，可以看出希臘神話也會因著時代產生變化。

外表

擁有金色捲髮的美男子，是理想型的古代希臘男性。永遠是青春期男子的模樣。

●阿波羅閃閃發亮的金色頭髮上，戴著帕納塞斯山的月桂樹頭冠，身穿提洛島的紫色染長袍，左手拿著鑲有寶石與印度象牙的豎琴，右手撥弄琴弦。⑦

●神射手阿波羅在白天時如閃亮巨星般從船上降臨，光芒從他的身體散發出來，放射到遙遠的天際。⑧

象徵、手持物（識別法）

月桂冠、豎琴、銀弓箭、鼎（三足鼎）、數字7。

【動物】天鵝、渡鴉、海豚、獅子、狼。

【植物】月桂樹、棕櫚樹（椰子樹）、向日葵、葫蘆樹。

乘坐天鵝牽拉的戰車。

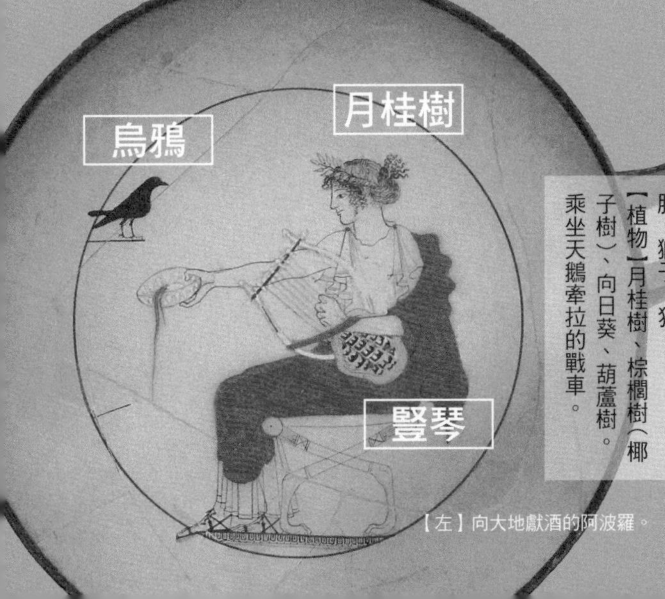

【左】向大地獻酒的阿波羅。　【右】觀景殿的阿波羅

出生日	Thargelion 月（5 月～6 月）7 日，聖日是每個月的第 7 日。
出生地	基克拉澤斯諸島提洛島內的棕櫚樹下。
家族構成	父／宙斯 母／勒托 姊／阿提密斯 配偶／無（未婚） 有名的兒子／醫神阿斯克勒庇厄斯、奧菲斯

⑨

外號	**福玻斯（閃亮之神）**、法奈歐斯（光明神）、黑加耶爾可斯（神射者）、**洛克西亞斯（彆扭者**。※ 做為預言者而倔強、乖僻）、阿雷克西卡戈斯（破邪者）、阿格斯托爾（療癒者）、**阿爾丘洛特格索斯（銀弓神）**、史密寺烏斯（鼠神）、帕爾諾匹歐斯（蝗蟲神）、耶留迪比歐斯（白黴神）。※ 因為阿波羅也是瘟疫之神，所以有很多帶貶義的外號。
女性關係	**科洛尼斯、達芙妮（月桂樹）** **數不清** **（因為後面提到宙斯的情人數目更多，所以只記最具知名度者）**
男性關係	**雅辛托斯（風信子）** 斯巴達的美少年，在與阿波羅遊戲時被阿波羅投擲的鐵餅擊中而死。雅辛托斯死後變成風信子的花，斯巴達每年都有悼念他的祭祀活動。 **數不清**

阿波羅在希臘神話中的主要經歷

誕生	**因為希拉的阻礙**，阿波羅在極端困難下誕生於提洛島的棕櫚樹下。
一歲前	出生後立刻被天鵝載送到極北的國度（許珀耳玻瑞亞之國）。這裡是阿波羅最最喜歡的地方，所以每年冬天阿波羅都會離開希臘，到此度假。
兩歲	來到德爾菲，與守護聖域的大蛇皮同展開死鬥，用箭射死了皮同，佔領了做為希臘大地中心的聖域德爾菲，**原因是「想傳達神諭給人們」。** 但是，阿波羅殺死皮同之事，惹怒了大地母神蓋亞，阻撓了阿波羅傳達神諭的事業，在阿波羅要傳達神諭的前一天晚上，就先在人們做夢時透露神諭，讓阿波羅的神諭所變成乏人問津之地。 後來宙斯把多多納這個神諭所奉獻給蓋亞，讓多多納也成為祭祀蓋亞的神廟，調解了蓋亞對阿波羅的憤恨。
成人後	．在德爾菲成為神諭所後，受傷的英雄海格力斯來此求取神諭，卻遭到拒絕。海格力斯大怒之下打算搶走進行神諭時所用聖物三足鼎，與憤怒的阿波羅展開三足鼎的爭奪戰，爭搶了三天三夜仍無結果，最後在宙斯的喝斥下，才結束了這場爭奪。 ．阿波羅與波塞頓、希拉共謀反叛宙斯，結果失敗了，被貶為凡人的奴隸，陷入窘境。 在成為奴隸時，與波塞頓興建了特洛伊的城牆。雖然已經成為凡人的奴隸了，卻仍然為了要求報酬而與主人吵架。阿波羅把瘟疫與怪物帶到特洛伊，促成英雄海格力斯在「第一次特洛伊戰爭」中崛起。
	．阿波羅的兒子阿斯克勒庇厄斯是非常厲害的醫神，醫術高明到可以讓死人復活，因而被宙斯與冥王黑帝斯殺害。阿波羅悲憤萬分，但又無法向父親宙斯報復，便射殺了被宙斯視為恩人的巨人族來消氣。此舉果然激怒了宙斯，便把阿波羅降為凡人阿德拉斯托斯的奴隸，造成了不少風波。阿波羅與凡人戀愛的故事，大都發生在他當奴隸的期間。
西元前十二世紀左右	**特洛伊戰爭（第二次特洛伊戰爭）** 阿波羅一直是特洛伊軍的支援者。英雄阿基里斯在此戰役中被射中腳踝而死。 ※ 特洛伊戰爭是希臘神話的最後事件。

爭奪三足鼎的英雄海格力斯與阿波羅神

主要崇拜地與具有特徵性的禮儀

• 阿波羅的神諭（德爾菲神域：世界遺產）

是古代希臘中最準確的神諭（預言），曾經決定了整個希臘政治與歷史的走向。請求神諭降臨時，阿波羅的巫女坐在三足鼎（有三隻腳的大鉤子）上，一邊吃著月桂樹，一邊嗅著火山冒出的氣體煙霧，在精神恍惚的狀態下回答來向阿波羅求神諭者的問題，然後由神官解釋、說明巫女的言語。

在德爾菲進行神諭的阿波羅。放在右後方坐著的阿波羅前方的三足鼎上的巫女，正在進行預言。

不過，阿波羅也有不想工作的時候（此時成為犧牲的牛就會出現無精打采的狀態），當天請求神諭降臨的活動就會停止，所以來請求神諭的人只好一等再等，形成了擁擠的排隊人潮。神以自己的狀況任性決定要不要「上班」。另外，阿波羅到冬天時要去度假，不受理人們請求神諭的事。再怎麼說，神是不會配合凡人行事的。⑩

• 皮西安競技節（德爾菲）

希臘四大運動會之一。除了運動競技外，還有唱歌與朗讀詩的表演。勝者可以獲得月桂枝、月桂冠（月桂冠之類的東西幾天就會枯萎，並不是什麼有價值的東西，所以比賽不是為了金錢而戰，乃是為了榮譽）。⑪

德爾菲的阿波羅神廟。

• 卡尼亞節（斯巴達）

卡尼亞節的時間長達一個星期，在這期間內禁行任何與軍事有關的行動（戰鬥、遠征）。這個節日的由來，起因於阿波羅喜愛的美少年卡尼奧斯被斯巴達人殺害，阿波羅於是讓斯巴達陣營感染瘟疫。為了平息阿波羅的怒氣，每天的這段期間斯巴達會禁行軍事行動 ⑫ 。溫泉關戰役時，因為正值斯巴達的卡尼亞節，不能動用軍隊的斯巴達王只得帶領包括自己在內的三百壯士，與數萬波斯軍隊一戰 ⑬ 。

① 希羅多德《歷史》第一卷第 47 節。② 荷馬《伊利亞德》第五歌第 440 行。③ 奧維德《變形記》第十卷第 201 行以下。④ 荷馬《伊利亞德》第二十二歌第 15 行。⑤《荷馬的諸神讚歌》「阿波羅讚歌」（讚歌第三號）第 68 行以下。⑥《荷馬的諸神讚歌》「荷米斯讚歌」（讚歌第四號）第 307 行以下。⑦ 奧維德《變形記》第十一卷第 165 行以下。⑧《荷馬的諸神讚歌》「阿波羅讚歌」（讚歌第三號）第 440 行以下。⑨ 阿波羅誕生的棕櫚樹下。⑩ 保薩尼亞斯《希臘志》第十卷第五章第 1 節以下。⑪ 奧維德《變形記》第一卷第 440 行以下。⑫ 保薩尼亞斯《希臘志》第三卷第 13 章第 3 節。⑬ 希羅多德《歷史》第七卷第 206 節。

別誤解為美國航太總署的阿波羅號太空船

西元一九六九年**美國航太總署（NASA）的阿波羅11號太空船**❽**成功登陸月球，從此阿波羅這個名字不僅名留古代希臘史，也永遠地刻進宇宙史之中**。

NASA的阿波羅計劃負責人說了以下的話❾：

「我看了很多與希臘神話有關的書……，所以決定以掌管光明、音樂與太陽之神的阿波羅，作為這個計劃之名。他是鞭策馬車奔向天空的神，所以我認為他的名字非常適合用於載人太空船奔向月亮的偉大計劃。」

不過，古代希臘人如果聽到了這位負責人說的話，大概會反駁道：

「阿波羅什麼時候做過那樣的事了？」

人們心中阿波羅駕著太陽馬車奔向天空的印象太強烈了，然而駕著太陽馬車奔向天空的，是原本的太陽神赫利俄斯的工作，是後人把這兩者混為一體了❿。

❽ 阿波羅的英文是Apollo。

❾ 舊NASA路易斯研究中心發佈的新聞（一九六九年7月14日）。

❿ 西元前四世紀之後，阿波羅與赫利俄斯漸漸被混為一體。（左圖）太陽神赫利俄斯。

阿波羅為什麼既是光明之神，也是瘟疫之神？

那麼，阿波羅到底是一位怎麼樣的神呢？他是比「太陽」更具廣闊概念的「光亮」之神，而打破混沌未開的蒙昧、無知黑暗的，便是文明之光。古代希臘時期，可以說是人類開啟非常重要的學問與藝術領域的青春期，而阿波羅正是那個耀眼的青春期代表。

於是，藝術、哲學、秩序、醫術、神諭（預言）、文明……等等「人類文明性的必要事物」⓫，全部成為阿波羅掌管的領域。

可是，「光亮」並非全然是積極、正面的。想隱藏在「光亮」後面的事物一旦暴露在「光亮」下，植物會枯死、食物會腐爛、瘟疫會流竄、生物會死亡。

所以，阿波羅是傳播疫病的可怕天神，也是與人類突然死亡有關的死神。

還有，阿波羅既是傳播疫病的天神，也是代表「醫術」的天神，這兩

⓫阿波羅命令英雄征服野蠻（奧林匹亞的宙斯神廟西側山形牆）。在這個雕塑裡，阿波羅代表了秩序與文明。

者可以說是完全相悖的神。這真是所謂的「自己放火又自己救火」的狀態。

阿波羅為什麼不喜歡希臘？

阿波羅被認為是「最具希臘風格的神」。

如前面所述的，阿波羅掌管了理性、哲學、醫術等等在古代希臘發達起來的領域，他有年輕俊美的爽朗外貌，具有古代希臘理想男性的形象。

然而，在原始的古代希臘語音裡，其實拼不出「阿波羅」這個名字的音。也就是說：**阿波羅雖然是古代希臘的代表者，卻不是「希臘製造」的天神，而是後來才加入希臘諸神行列，不折不扣外來的神**⓬。

這個事實不管是在神話上或歷史上，都讓人有深刻的記憶。例如在特洛伊戰爭這個神話中的大戰爭中，阿波羅維持其一貫態度，是特洛伊的支持者，與希臘為敵，殺死了很多希臘人。

⓬阿波羅到底是從哪裡來的呢？關於這件事的說法紛紜，有人說阿波羅來自北方，也有人說他來自亞洲，並沒有一個具體的答案。不過，古代希臘人普遍認同「阿波羅是外來的神，是新的天神」這一點。另外，古代希臘語雖然有很豐富的方言，但是「阿波羅」這個名字依照不同的地域，會有不同的發音，例如：apuron、aperon、apeiron等。

還有，他不會整年都待在希臘。比起古代希臘人，阿波羅更喜歡「極北之民」，每年一到了冬天，他就會前往「極北之民」⓭所在地度假。古代世界最有名的阿波羅神諭所德爾菲，在冬季時不接受人們請求神諭，原因便是主人阿波羅不在德爾菲，去度假了的關係。

被漂白的神話

對於眾神的故事，本書為何從非天神之首阿波羅說起呢（古代希臘的眾神之首是宙斯）？因為阿波羅是希臘神話眾神中最容易被「漂白」的神。

現在流傳的希臘神話故事，很多被粉飾上充滿浪漫情緒的色彩。然而，那些神話故事的原本面貌，到底是什麼樣子？是否和阿波羅的神話故事一樣，有「現在流傳的版本」與「原本古代希臘的版本」之別呢？以下我們就來實際地感覺一下兩者的差別吧！

⓭古代希臘人認為距離希臘遙遠的北方，是許珀耳玻瑞亞人（極北之民）居住的國度。並且認為那裡是常春的理想國，住在那裡的人沒有痛苦，也不會挨餓，過著幸福的生活。

光明之神阿波羅曾經與一位凡人少女談戀愛，這位少女叫科洛尼斯。科洛尼斯懷了阿波羅的孩子，卻和別的男人有私情。科洛尼斯愛上別的男人的事，被阿波羅的聖鳥——烏鴉發現了，並且向阿波羅告密。這就是著名的「阿波羅與科洛尼斯的愛情故事」。

現在流傳的版本⓮

阿波羅聽到烏鴉告密，知道情人對自己不忠，撥弄豎琴的撥子因為驚訝而掉落，他扯下頭髮上的月桂冠，俊美臉龐因為憤怒而變得蒼白。

盛怒下的阿波羅拿起自己的武器，拉緊了弓弦，準確無比地一箭射進科洛尼斯的胸膛。科洛尼斯因為疼痛而呻吟，她拔出胸膛上的箭，鮮血立刻染紅了她如雪般白皙的四肢。

「啊！福玻斯（對阿波羅的美稱），我接受不貞的懲罰……。但是，你為什麼不等我肚子裡的孩子出生後再懲罰我呢？如今無辜的孩子也會陪我一起死去了……」

⓮奧維德《變形記》中的部分概要。
我們現在所知的「希臘神話」大多非常浪漫，原因是羅馬時代詩人奧維德的傑作。他以冰冷的希臘神話為題材，豐富了神話故事，並且給予神話新的解釋，讓神話變成故事。
今人對「希臘神話」大多抱持著浪漫的印象。

科洛尼斯這麼說著，身體逐漸變冷、僵硬死去了。

失去了所愛之人的阿波羅，終於恢復理智。因為嫉妒，竟做出可怕的行為……阿波羅如此譴責著自己，但是為時已晚。他懊悔萬分，並且痛恨自己，也痛恨來向自己告密的烏鴉，以及輕易就殺死愛人的弓弦、箭矢和自己的右手，他痛恨一切的一切。

阿波羅緊緊抱著已變得冰冷的愛人手臂，以身為醫神的醫術想要救回愛人。可是，對已經死亡的科洛尼斯來說，再厲害的醫術也救不回她的生命。

當葬禮中燃燒屍體的柴木堆積好，科洛尼斯的遺體被火焰包圍後，阿波羅發出了來自內心的悲痛哀號。可是，他不能流淚，因為天上的神不可以悲傷流淚。

看著逐漸化為灰燼的科洛尼斯遺體，阿波羅決定無論如何也要救自己的孩子，於是撲向燃燒中的烈火，從科洛尼斯的肚子裡救出孩子。

親手殺死自己所愛女人的哀嘆，有如凡人般的情感爆發……。這是一個充滿美麗詩意的故事。

那麼，同樣的神話，「原始的」古代希臘神話版本，又是什麼樣子的呢？

古代希臘的版本⑮

——阿波羅發現科洛尼斯對自己不貞了。科洛尼斯不顧念阿波羅的寵愛，竟在已經懷有阿波羅孩子的情況下，仍然和別的男人有染。為了守護自己的正義與遵從職責，阿波羅決定給予懲罰。

於是，阿波羅讓自己性情急躁的雙胞胎姊姊——阿提密斯（貞操女神）前往科洛尼斯的住處。阿提密斯也在科洛尼斯的寢室內，用箭射死了即將臨盆的科洛尼斯，並且殺死了住在科洛尼斯附近的居民。——一人犯罪而誅連全村，是常有的事。

可是，當科洛尼斯被放置在堆積起的木柴架上，火已經被點燃之時，

⑮品達《勝利曲》第三卷，赫西俄德《女人目錄》保薩尼亞斯《希臘志》第二卷第26節的部分意譯與概要。

天上突然傳來阿波羅的聲音：

「不忍心我的孩子與母親同死。」

阿波羅一腳踏入葬禮中，正燃燒的火焰因為神的到來而自動讓出一條路。

於是，阿波羅從科洛尼斯的屍體拉出孩子。

——確實有所不同。

「殺死變心情人」的神話基本內容是一樣的，但在「原本的」版本裡看不到阿波羅有感情的流露，他始終是一位冷靜的神；而且，下手殺死科洛尼斯的阿提密斯女神更是一點慈悲心也沒有，殘酷得連毫無關聯的周圍村民也一併殺害了。這才是如血般鮮活，希臘神話的原本色彩。

現在我們所知道的星座或許多戀愛神話，都是上了一層「古代羅馬以來再創作」之色彩的神話。去除了色彩後，「古代希臘神話」便不再那麼浪漫，而是冷冰冰到令人毛骨悚然的故事。

不過，神話持續變化這一點，代表了神話不是死的，而是「活的東西」。阿波羅從瘟疫神變成太陽神。太陽神駕著馬車的形象，又讓「阿波羅」成為美國航太總署太空計劃的名字。由於「阿波羅11號」的出現，或許百年之後，阿波羅又會多了一個「開發宇宙之神」的別名。

特集3 阿波羅的預言與名言問答

未來會發生什麼事情？自己以後應該怎麼做？誰也想知道這類關於未來的答案吧？古代希臘有可以正確地回答這些問題的地方。

位於（被認為）世界中心的德爾菲⑯，是古代希臘最大信仰的神諭（預言）所所在地。

這裡是阿波羅透過女祭司的嘴巴，回答煩惱的人類所提出問題的地方⑰。人類帶著大大小小各種煩惱，來到這裡求取答案，有詢問要如何在戰爭中獲勝的，也有問國家未來的，當然也有來問個人的婚姻問題，或未來出路問題的。

古代希臘人會為了什麼事情煩惱？神的回答又是什麼呢？

⑯德爾菲的阿波羅神諭所，是世界遺產。

⑰阿波羅的神諭所接受來自所有城市的政治諮詢，可以說是古代希臘第一情報中心。這裡的神官熟悉各城市的內情。

以下介紹幾則神與求問者的對答。

來自遠征隊隊長的問題⓲

「這次的遠征能順利嗎？」

阿波羅的回答

「若能感覺到晴空落下的一滴雨水，就能獲取你想得到的地方。」

聽到這個回答的遠征隊隊長十分沮喪，心想：晴朗的天空不可能落下雨水。所以神的意思是這次的遠征不會順利嗎……？

隊長的妻子看到隊長氣餒的模樣，便以自己的大腿為枕，讓隊長的頭枕著，自己的一滴淚水不由自主地滴落在隊長的額頭上。就在這個時候，隊長突然明白了神諭的意思。隊長妻子叫做「艾德拉」，希臘語的意思便是「晴空」。——果然，隔天他成功地征服了沿岸地方最富庶的城市塔蘭圖姆。

⓲ 保薩尼亞斯《希臘志》第十卷第十章第6節以下。

阿波羅給予的神諭就像上述的那樣，大多以語焉不詳的模糊形式呈現，像謎題似[19]的要人去解謎，所以常常發生解讀錯誤的情況。

利底亞王克羅索斯的問題（西元前五五〇年左右）

「我們和波斯帝國作戰能夠獲勝嗎？」

阿波羅的回答

「不出兵而毀滅一個偉大的國家。」

得到這樣的神諭後，利底亞喜出望外，立刻對波斯開戰。然而，結果卻是利底亞被消滅了。

阿波羅意思其實是「波斯帝國不出兵，就消滅了偉大的國家利底亞」。

就這樣，阿波羅的神諭好幾次拯救了希臘的城市與人們，也讓一些城市與人們因此而毀滅[20]。

[19] 因為預言的內容大多語意不明、故弄玄虛，所以阿波羅有「彆扭神」的別名。

賽伐勒斯的問題㉑

「我想要兒子。要怎麼做才好？」

阿波羅的回答

「從這裡走出去，和見到的第一個女人交歡。不管她是什麼樣的女人。」

賽伐勒斯從神諭所出來遇到的第一個女性，是頭母熊。他雖然覺得「怎麼可能」，可是想到神諭說「不管她是什麼樣的女人……」，所以還是遵從了神諭，和母熊交媾。母熊在懷孕後變成人類的女人，生下兒子（阿耳喀西俄斯，也就是英雄奧德修斯的祖父）。

⑳因為阿波羅的神諭而毀滅的代表性人物，便是伊底帕斯。

伊底帕斯王問：

「我不知道我在哪裡出生，甚至不知道自己的父母是誰。我到底是怎麼樣的一個人？」

阿波羅回答：

「你被設定為殺死自己的父親，想和母親結婚的男人。」

聽到上述神諭的伊底帕斯為了避開神給他的恐怖命運，不斷嘗試抵抗那樣的神諭，但是事與願違，伊底帕斯還是在不知道對方是生父的情況下，殺死了在路上遇到的父親；也在不知道對方是生母的情況下，和母親結婚，犯下近親相姦的罪行。（希羅多德《歷史》第一卷第53節）

㉑亞里斯多德《片段集》504。

利底亞王克羅索斯的問題（西元前五六〇年左右）

「我現在在做什麼？」（一邊用青銅鍋煮烏龜與山羊，一邊問。）

阿波羅的回答

「我知細沙的數量，也知海的大小。我能理解不會說話的人內心，聽得到沒有聲音的語言。

……聞到烏龜的味道了。在青銅鍋裡與山羊肉一起的烏龜的味道。」

這是測試「神諭真的準嗎？」的問題[22]。克羅索斯王在做平常不會做的事情時，向各個神諭所[23]發出了這個問題，並且認為絕對不會被說中。據說最後只有阿波羅的神諭所說出了正確的答案。

某個年輕男子的問題

「那個……」

[22] 偶爾會有想測試神諭是否準確的人。

無禮男的問題：

「（藏在斗篷內的手握著麻雀）猜猜看，我手裡拿著的東西是活的？還是死的？」

阿波羅的回答：

「別考驗我！或者，你只是要我說你喜歡聽的話。在你手裡的東西是死是活，完全決定於你手的力量大小。」

這個男人準備在阿波羅回答「是活的」時，殺死手中的麻雀；在阿波羅回答「是死的」時，讓手裡的麻雀繼續活著，以此證明神諭錯了。（希羅多德《歷史》第一卷第47節、其他。）

[23] 古代希臘有許多神諭所。

「那個……」

阿波羅的回答

「現在馬上出去。你來這裡的途中，拋棄了兩個被強盜攻擊的朋友，自己逃跑了。他們因你而死。我不會給背叛者神諭，立刻離開我的神廟。」

像這樣，也會讓做壞事的人吃閉門羹㉔。

羅馬皇帝奧古斯都的問題（西元後十二年）㉕

「這個世界以後會變成什麼樣子呢？我覺得很不安。在我之後，誰會統治這個世界呢？」

㉔ 讓人吃閉門羹的神話，還有以下的情節。

雅典人（西元前三三二年）

「那個……」

阿波羅回答：

「我不想回答你們的問題。你們沒有付在奧林匹亞競賽中行為不正的罰金，在繳清罰金前，我不會接受你們的問題。」（保薩尼亞斯《希臘志》第五卷第二十一章第5節、其他。）

㉕《蘇達辭書》A4413 及其他。

阿波羅的回答

「……」（無言）

羅馬皇帝奧古斯都的問題（第二次）

「為什麼阿波羅沉默不語？」

阿波羅的回答

「沉默就是回答。因為今後的世界會受到某一位神的祝福，由一個希伯來少年統治。那時我會被趕出德爾菲，只能保持沉默。」

所謂的「一個希伯來少年」，指的當然就是耶穌基督。阿波羅的神諭已經預言出基督教的擴散和希臘宗教的結束了。

羅馬皇帝尤利安的問題（西元後三六一年）[26]

「我來這裡，是為了恢復人們對你的崇拜。」

阿波羅的回答

「回去告訴皇帝。我的神廟倒塌了。這裡已經沒有可以隱匿我的屋簷，也沒有預言的月桂樹和泉水了。我的語言在此枯萎了。」

西元後三六一年，當時阿波羅已經被視為異教之神，為了恢復凋零的阿波羅崇拜，羅馬皇帝派人去德爾菲問神諭，阿波羅也返回德爾菲，做了上述的回答。這是阿波羅最後的神諭，阿波羅神諭就此終結。

就這樣，古代世界的人們可以為任何事來請求阿波羅的神諭，決定他們的命運。以前，去阿波羅神廟請求神諭，與神對話，是極為「真實的存在」。

[26] *Philostorgius, Church history*, 7及其他。

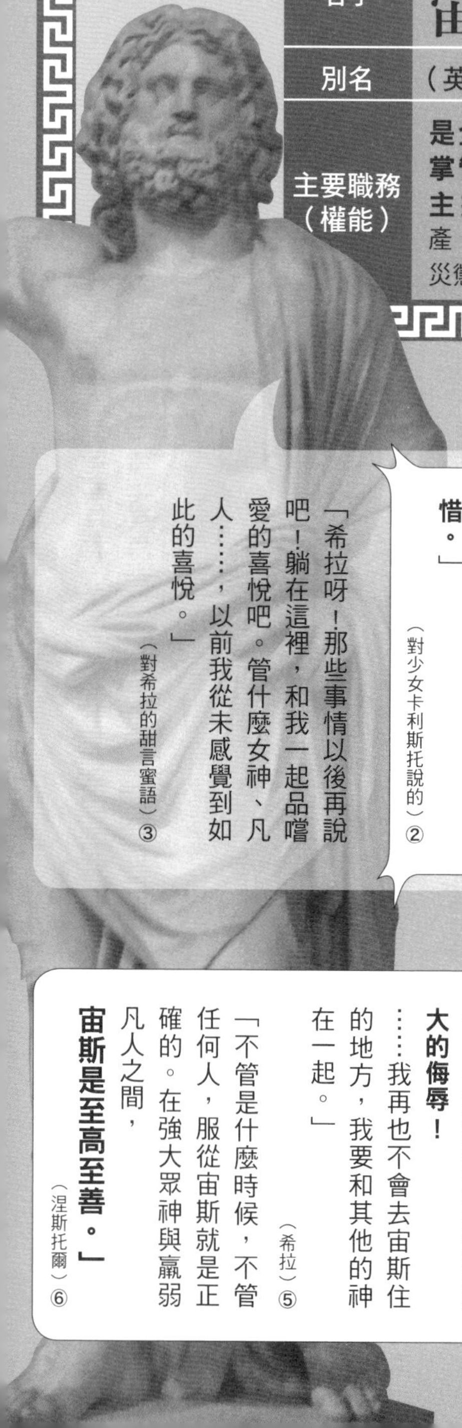

名字	ZEYΣ **宙斯** 男性
別名	（英）Zeus、（羅）朱庇特
主要職務（權能）	**是全能全知，地位最高的天神，掌管天空、雷電、暴風雨、雨，主持正義。**擁有王權、家族、財產、窮人……的主導者，並會降下天災懲罰不供養神者、讓神憤怒者。

宙斯名言

「要明白！我是所有神中最強的神。」①

「千載難逢的機會。我的妻子（希拉）不會發現吧……。不，就算被她發現了，**為了這個女子而和妻子爭吵，我也在所不惜。**」

（對少女卡利斯托說的）②

「希拉呀！那些事情以後再說吧！躺在這裡，和我一起品嚐愛的喜悅吧。管什麼女神、凡人……，以前我從未感覺到如此的喜悅。」

（對希拉的甜言蜜語）③

周圍對宙斯的評價

「好吧，您總是這麼說。反正這次又不得不聽您的。」

（希拉對宙斯所言的評價）④

「請聽我說。驅使黑雲的宙斯，**一邊要求我做個賢淑的妻子，一邊卻讓我遭受到莫大的侮辱！**……我再也不會去宙斯住的地方，我要和其他的神在一起。」

（希拉）⑤

「不管是什麼時候，不管任何人，服從宙斯就是正確的。在強大眾神與羸弱凡人之間，**宙斯是至高至善。」**

（涅斯托爾）⑥

守護正義與弱者的最高天神，深受古代人喜愛，是西方頭號風流男子

希臘神話中最強、地位最高的神。是給乾燥的希臘大地帶來雨水的雷雨之神。

此外，宙斯的風流行徑也非常出名。但各個城市的古代希臘都想要擁有這位最強天神的血統，以至於處處有人說「我的祖先是宙斯」，或「我的祖先也是宙斯的愛人」、「我的祖先才是……」等等。

也就是說：宙斯實在太受歡迎了，於是就變成了風流成性的男子。宙斯的愛情事蹟多到掩蓋了他的其他成就，幾乎讓人忘了他是掌管秩序與正義，保護弱者的最強天神。

外表

臉上有鬍子，是一位相貌威嚴的大叔。

岔開雙腳，手裡拿著閃電或老鷹。

●坐在寶座上，手持權杖。

●「遠遠看去，宙斯坐在黃金寶座上，奧林帕斯山在他的腳下劇烈搖動著。」⑦

象徵、手持物（識別法）

閃電、權杖、寶座、橡葉冠（或橄欖葉冠）。

【植物】橡樹。

【動物】鷹、牡牛。

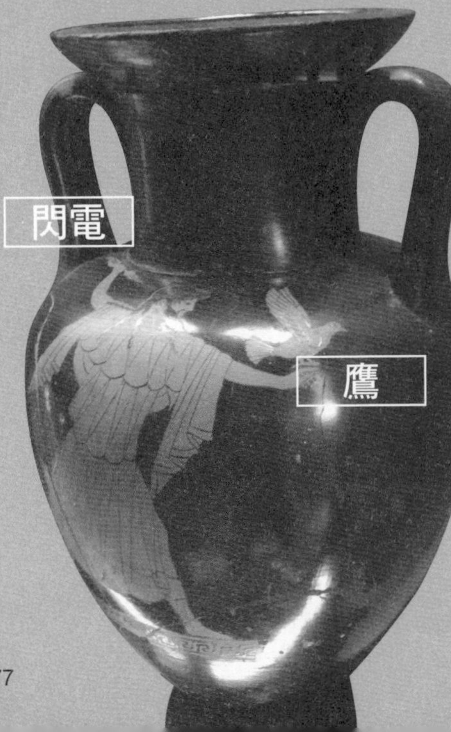

【左】壺畫中的宙斯。　【右】手持閃電的宙斯。

出生日	不明。不過，每個月的第 15 日是宙斯的聖日。
出生地	克里特島的狄克特翁山洞／阿卡迪亞。還有其他種說法。
家族成員	父／克洛諾斯 母／瑞亞 妻／希拉（還有說是狄俄涅） 子女／【天神】雅典娜、阿瑞斯、赫菲斯托斯、阿提密斯、阿波羅、荷米斯、戴歐尼修斯、泊瑟芬（科瑞）……之外，其他還有很多。 【凡人】海格力斯、帕修斯、波魯克斯、卡斯托耳、海倫……之外，其他還有很多。
外號	**尼菲雷格利答（烏雲之神）**、阿菲西歐斯（降雨之神）、麥麥克特斯（凶暴之神）、伊格麥歐斯（濕氣之神）、利梅諾斯柯波斯（天空監視者）、邦赫利尼歐斯（所有希臘人的神）、修巴托斯（首神）、索西波利士（城市守護者）。
女性關係	**數不清** **・智慧女神墨提斯** 宙斯猛力追求智慧女神墨提斯，終於追到手，但卻被告知他與墨提斯所生的兒子將會奪取他的王權，便一口吞了墨提斯。之後，宙斯頭痛不已，於是鑿開腦袋，誕生了雅典娜（參閱 106 頁）⑧。 除了墨提斯外，宙斯也追求了狄蜜特、勒托、忒彌斯等等女神。 **・凡人少女伊俄** 宙斯以為與伊俄偷情之事能瞞過希拉，但還是被希拉發現了。為了保護伊俄，宙斯便將伊俄變成一頭母牛……。希拉對宙斯說：「如果你問心無愧的話，可以把那頭牛給我嗎？」宙斯只好照辦。伊俄後來得到荷米斯的幫助而逃離希拉之手。⑨
男性關係	**・伽倪墨得斯** 特洛伊的美少年。宙斯變成巨鷹劫走伽倪墨得斯，讓他在宴會上為諸神斟酒（寶瓶座的典故便是來自伽倪墨得斯）。⑩

① 荷馬《伊利亞德》第八歌第 4 行以下。② 奧維德《變形記》第二卷第 422 行以下。③ 荷馬《伊利亞德》第十四歌第 312 行。④ 荷馬《伊利亞德》第十九歌第 107 行。⑤《荷馬的諸神讚歌》「阿波羅讚歌」（讚歌第三號）第 311 行以下。⑥ 克伊杜斯(Quintus Smyrnaeus)《特洛伊戰記》的八卷第 452 行以下。⑦ 荷馬《伊利亞德》第八歌第 440 行以下。⑧ 赫西俄德《神譜》第 886 行以下。⑨ 阿波羅多洛斯《希臘神話》第二章第 5 節以下、奧維德《變形記》第一卷第 583 行以下，及其他。⑩ 。奧維德《變形記》第十卷第 145 行以下。

宙斯在希臘神話中的主要經歷

誕生	・父親克洛諾斯害怕兒子奪王權，便把出生的孩子一一吞進肚子，只有最後出生的宙斯逃過了父親的吞噬，被藏在克里特島的山洞中長大。
成年期	・讓父親克洛諾斯吞下芥末與鹽，救出曾經被父親吞進肚子的兄姊們（希拉、波塞頓及其他）。
	泰坦之戰 戰爭的雙方為父親克洛諾斯領軍的泰坦神族軍，與兒子宙斯領軍的奧林帕斯軍。這場打了長達十年的戰爭最後由宙斯的奧林帕斯軍獲勝（參閱 82 頁）。 獲勝的立功者宙斯、波塞頓、黑帝斯抽籤後，決定宙斯統領天界、波塞頓統領海界、黑帝斯統領冥界。
	・宙斯向希拉求婚，但最初遭拒，於是變身成一隻模樣可憐的小鳥去接近希拉，獲得希拉的憐愛，抱入懷中。 ・宙斯與希拉的初夜**持續了三百年之久。** ・有眾多子女，阿瑞斯、赫菲斯托斯、阿波羅、阿提密斯等等。**（大多為非婚子女）**
	癸干忒斯（巨人大戰） 巨人族與奧林帕斯神之間的戰爭，靠著英雄海格力斯之助，眾神合力擊退了巨人族。
	與怪獸堤豐之戰 宙斯初戰堤豐敗北，被切走肌腱後受困。但是荷米斯偷了被藏起來的宙斯肌腱，還給宙斯。宙斯恢復神力，打敗堤豐，將堤豐仍進埃特納山（所以埃特納山至今仍因堤豐的怒氣而持續在噴火）。
	・因為希拉、波塞頓、阿波羅的背叛而受困，但得到海洋女神的幫助後解除危險。
西元前十二世紀左右	**特洛伊戰爭** 宙斯以特洛伊戰爭來調整人口過多的問題，讓許多人喪生於戰火。宙斯在這場戰爭中站在中立的立場。

主要崇拜地與具有特徵性的禮儀

大多在山頂舉祭奉儀式，以牡牛、公羊為祭品。

・奧林匹亞競技會

現代奧運的濫觴。始於西元前七七六年，當時是為了獻納宙斯而主辦的活動，也是古代希臘最大的競技活動。奧林匹亞競技會於夏天時舉行，每四年舉辦一次，競技會期間禁止所有戰爭的行為。在古代希臘，贏得這個競技會的優勝，便是最大的榮譽。

奧林匹亞競技場。前面的石頭是起跑線。

・多多納的宙斯神諭所

以宙斯的神木，即橡樹的葉子所發出的沙沙聲為神語，並以此解釋神諭。

宙斯為何那麼風流？

結過三次婚㉗，還處處留情，有無數次拈花惹草經驗，公認是希臘神話地位最高的男神，便是雷、暴風雨與正義之神宙斯。希臘神話裡，到處可見宙斯的風流事蹟，這位天神不僅愛女性，對男性也同樣有興趣㉘，傳說扁桃樹就是他自慰的時候，從他精液掉落的地面長出來的。

「只知道拈花惹草的宙斯，為什麼是古代希臘人最崇敬的天神之首呢？」這是現在我們的想法，我們對宙斯的印象確實不是太好，然而古代希臘人的想法卻與我們相反。因為對古代希臘人而言，宙斯是偉大的最高天神，所以各地城市爭相搶著當宙斯的後代，紛紛主張「宙斯神是我們的祖先」，讓宙斯的風流神話數量越來越多。這或許就是沒有形成統一國家只遍布小城邦的古代希臘，才會有的特殊現象。

現在人覺得宙斯風流成性，相當於一個渣男的印象，其實來自古代希臘人都「希望成為宙斯子孫」的想法。宙斯如果知道「自己竟在不知不覺

㉗宙斯結婚三次，三名妻子分別是法律之神忒彌斯、天空之神狄俄涅，最後的妻子是希拉。（後面會敘述與希拉的事蹟）。

㉘宙斯劫走伽倪墨得斯（右圖）。伽倪墨得斯是宙斯喜愛的著名少年，也因為水瓶座神話出名。

擄走女性的宙斯。

中成為世界上最花心的男人」，或許會很生氣吧！

眾所周知，**希臘神話原作並非由一個人完成，而是在對自己有利的情況下，由各人、各城市創造、發展出來的**㉙。**因此，希臘神話裡的每一則神話，都有數個版本，有些甚至互相矛盾。**例如宙斯的誕生地之說，一般都說是克里特島，但是阿卡迪亞地方的人卻主張：「不，宙斯是在我們這裡出生的。」另外，特洛伊、波伊俄提亞、梅薩納等地方的人，也主張宙斯誕生在他們那邊。每個地方都以自己的方便，敘述出對自己有利的神話（但是必須有說服力）。

雖然「宙斯是希臘神話眾神之首」的認知，在古代希臘是毫無例外的最大默契，但是，就像「我們城市的最大天神不是宙斯，是阿波羅神」㉚一樣，希臘神話是非常自由的存在。

㉙ 雅典城的神話有許多史料，那些史料自然而然以雅典娜為中心。

㉚ 有阿波羅神諭所的城市，包括狄迪姆、克拉羅斯。

為什麼宙斯是權力最大的神？

然而，為何宙斯是希臘神話裡權力最大的神呢？

就從記錄在神話中的理由說起吧！原本統治天界的是名為泰坦族的巨人族，他們的王——也就是權力最大的神，是農耕之神克洛諾斯㉛，他害怕自己的孩子奪走霸權，便在孩子生下來後就把孩子吞進去，關在肚子裡。但是，最後出生的兒子宙斯幸運地躲過被吞的命運，還救出了兄長波塞頓、黑帝斯等，並且聯合起來對抗父親。這就是所謂的「泰坦之戰」神話。

最後，手持閃電的宙斯在阿卡迪亞平原㉜擊敗了泰坦神族。在神話裡，「泰坦之戰」以阿卡迪亞平原為最後決戰的舞台，是有其意義的。

人們在挖掘這個平原時，出土了史前時代大象、犀牛的巨大骨頭。古代希臘人見到這麼大的骨頭時，首先想到的是「這是泰坦（巨人）神族的骨頭。他們被宙斯的閃電擊中、滅亡後，埋骨於此」。

㉛ 農耕之神克洛諾斯（Kronos）常與時間之神柯羅諾斯 (Chronos) 混淆。

㉜ 阿卡迪亞平原。

現在的阿卡迪亞平原也是最常出現打雷、閃電的地方。

「宙斯是最偉大的天神」不僅是古代人的想像，現實的自然界與地理環境，也助長了「宙斯是最偉大的天神」的神話。

自然界如何讓宙斯成為最偉大的天神呢？答案如下——

希臘氣候夏季乾旱，每天都是大太陽；冬天會有暴風雨，並且會突然降下雷雨。**對在草原上以畜牧為生的人來說，突然而來的暴風雨、雷雨與乾旱，都是最惡劣的環境，任何神都不比能呼風喚雨的神厲害，所以視宙斯為權力最大的神**[33]**，可說是理所當然的吧！**

古代希臘人還如此歌頌著：

「歌頌眾神中的最高位者，成為最大神的宙斯。

雷鳴響起，聲震遠方，歌頌成就萬物的神。

請賜予恩典……最光榮的神、最偉大的神呀！」《宙斯讚歌》

古代希臘各城市雖就自己的方便，把宙斯變成「風流成性的花心男」，但宙斯成為眾神之首最大的原因，還是在於宙斯是最可怕又應該被尊敬的，能夠呼風喚雨的偉大天神。

[33] 和辻哲郎的《風土——人間的考察》詳述了神的形成與風土關係的觀點。

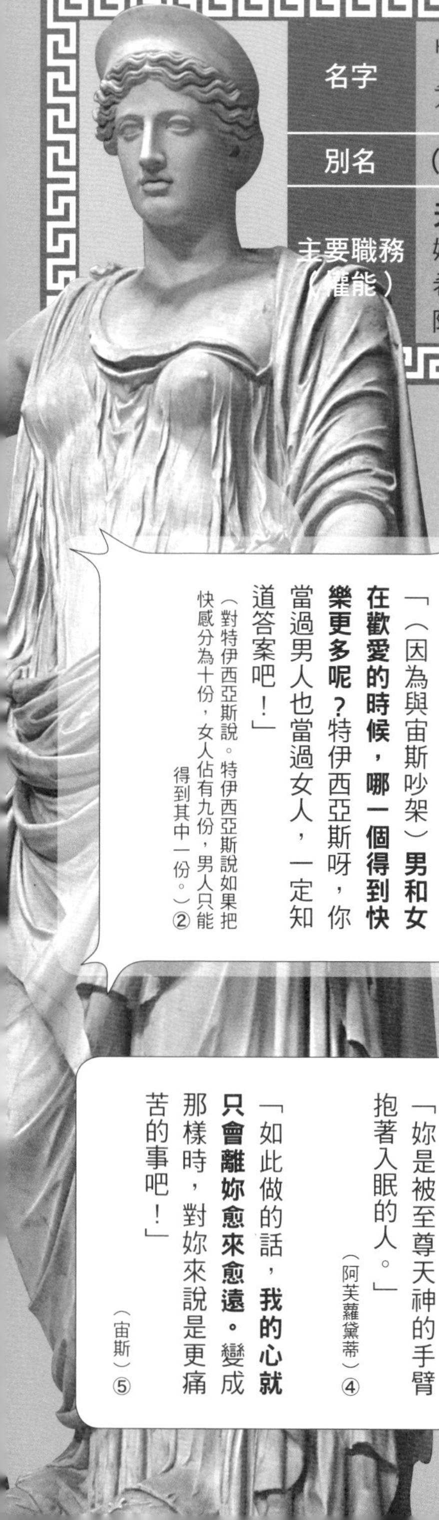

名字	HPA **希拉** 女性
別名	（英）Hera、（羅）朱諾
主要職務（權能）	**天界的女王** 婚姻、貞潔、生育。 希拉是生育的母體， 阿提密斯是孩子的守護者。

希拉名言

「放棄狡智的克洛諾斯女兒的身分，**成為萬神之王的你（宙斯）的皇后。我的地位是最高的。**」

（對宙斯說）①

「（因為與宙斯吵架）**男和女在歡愛的時候，哪一個得到快樂更多呢？**特伊西亞斯呀，你當過男人也當過女人，一定知道答案吧！」

（對特伊西亞斯說。特伊西亞斯說如果把快感分為十份，女人佔有九份，男人只能得到其中一份。）②

周圍對希拉的評價

「因為妳（海洋女神忒提斯），希拉又說難聽話跟我吵架，我們兩人的事情好像變麻煩了……**她總是在眾神面前吵架、指責我。**」

（宙斯）③

「妳是被至尊天神的手臂抱著入眠的人。」

（阿芙蘿黛蒂）④

「如此做的話，**我的心就只會離妳愈來愈遠。**變成那樣時，對妳來說是更痛苦的事吧！」

（宙斯）⑤

希拉的名字是「英雄」（hero）這個字的語源，也是婚姻女神

天神之首宙斯的妻子希拉是婚姻女神。希拉的羅馬名是「朱諾」（Juno），從 Juno → June，「六月新娘 June Bride」這個說詞，便是來自希拉。不過，古代希臘的結婚旺季是冬天，宙斯與希拉的結婚紀念日也是在一月。

對宙斯的風流行為表現出強烈嫉妒的希拉，其實擁有比宙斯更高的強大神格，古代希臘神廟裡，希拉的排位可是在宙斯之上。

另外，希拉對付宙斯在外面與別的女人們所生的英雄，手段確實是非常殘酷的。英語中的英雄「Hero」這個字，正是從希拉的「Hera」的陽性詞形「Heros」（希臘語「Heros」的意思是「奉獻給希拉（Hera）的男人」）演變而來。想想看，受得了希拉殘酷對待的男人，或者真可以稱之為英雄了。

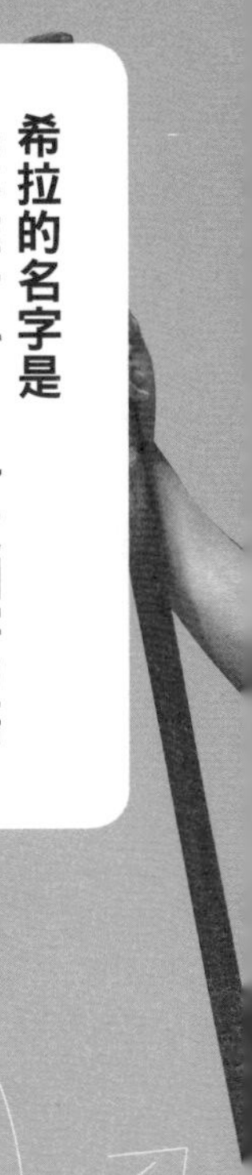

外表
蒙著面紗的威嚴女性。

●女神的身上塗抹著香油，親手用梳子把頭髮梳理得光亮美麗，編成漂亮卷式，從不死的頭上垂落；她身著香氣襲人的衣服，那是雅典娜精心編織的布料剪裁而成。從她身上散發出來的，是優雅與光芒。蒙著她臉龐的美麗新面紗，閃爍著純白的光輝，美麗的腳上穿著漂亮的涼鞋。⑥

宙斯與希拉、彩虹女神伊麗絲。

象徵、手持物（識別法）

王冠、上面配著花的權杖、寶座、隨從（彩虹女神伊麗絲是希拉的傳令神）。
【動物】杜鵑、孔雀、母牛、獅子、鶴。
【植物】石榴、柳樹、荷花。
金星（和阿芙蘿黛蒂共享）
乘坐孔雀拉的鑾駕⑦。

【左】女神希拉與普羅米修斯。　【右】手持權杖的希拉。

出生日	不明。
出生地	薩摩島因布拉索斯河畔的柳樹下。⑧ 又，希拉說過她最喜歡的三個城市是阿爾戈斯、斯巴達、邁錫尼。⑨
家族構成	父／克洛諾斯 母／瑞亞 夫／宙斯 子女／阿瑞斯、赫菲斯托斯、赫柏（青春的女神）、厄里斯（不和的女神）
外號	**牛眼女神**、白臂女神、天后、婚姻女神、**無夫女神（和宙斯吵架的時候）**⑩
女性關係	—
男性關係	**–（希拉是貞潔！）**⑪

阿爾戈斯的希拉神廟。（西元前七世紀～前五世紀左右）
阿爾戈斯是最大的希拉崇拜地之一。

①荷馬《伊利亞德》第四歌第 57 行以下。②希拉因為這個答案而讓特伊西亞斯失明。特伊西亞斯曾經是男人，被希拉變成女人，但後來又恢復為男人。許癸努斯《傳說集》第 45 話。③荷馬《伊利亞德》第一歌第 518 行以下 註：荷馬《伊利亞德》第十四歌第 168 行以下。④荷馬《伊利亞德》第十四歌第 212 行以下。⑤荷馬《伊利亞德》第一歌第 561 行以下。⑥荷馬《伊利亞德》第十四歌第 181 行以下。⑦不過，在亞歷山大大帝時的古代希臘人並不認識孔雀這種動物，更何況是亞歷山大大帝之前的希拉時代，所以當時說的孔雀應該是指杜鵑。⑧保薩尼亞斯《希臘志》第七卷第四章第 4 節。⑨荷馬《伊利亞德》第四歌第 51 行以下。⑩史迪姆巴洛斯市有三個別名，是「處女希拉」、「成熟希拉」、「無夫希拉」。希拉與宙斯吵架回來這裡時，這個城市的名字便是「無夫希拉」。保薩尼亞斯《希臘志》第八卷第二十二章第 2 節。⑪凡人伊克西翁想追求希拉，惹得宙斯大怒，便處罰他永遠痛苦。⑫保薩尼亞斯《希臘志》第九卷第三章第 1 節以下。⑬保薩尼亞斯《希臘志》第二卷第三十八章第 2 節。

希拉在希臘神話中的主要經歷

誕生	・誕生於薩摩島因布拉索斯河畔的柳樹下。出生後不久就被父親克洛諾斯吞下肚，後來被宙斯救出。
成年期	・與宙斯結婚（參閱宙斯履歷表），生了阿瑞斯
	泰坦之戰（參閱宙斯履歷表）
	・宙斯獨自生了雅典娜，於是希拉生氣地說「**我也要自己生孩子**」，結果生了其貌不揚的赫菲斯托斯。希拉於是把赫菲斯托斯從奧林帕斯山往下丟（參閱 114 頁）。
	・希拉怒氣未消，讓怪獸堤豐誕生自塗了克洛諾斯精液的蛋（參閱宙斯履歷表）。
	癸干忒斯（巨人大戰） ・希拉被巨人族中的一人追求，差點遭受侵犯，幸好宙斯擲出閃電，救了希拉。
	・企圖與波塞頓等其他神背叛宙斯，但失敗了。結果希拉因此被宙斯用鎖鏈與重石倒吊在天際。
西元前十二世紀左右	**特洛伊戰爭** 站在希臘這一方。

※ 希拉殘酷地懲罰了丈夫與別的女子所生的孩子的神話非常多。海格力斯、伊俄、狄俄墨德斯等等的人生因此變得特別辛苦、悲慘（但是，因為希拉固執地對他們的迫害，反而讓他們變成英雄）。

主要崇拜地與具有特徵性的禮儀。

・與宙斯的結婚紀念日（Posideion 月的第 27 天）
讓穿著新娘服的希拉神像躺在有新婚床的神域。這就是希臘各地的「聖婚式」。

・Daidala 節 (普拉泰亞市)
有一次希拉生宙斯的氣，跑去埃維亞。宙斯百般求她回去，她都不理。於是宙斯便做了一個木偶，讓木偶穿上新娘服，四處放消息說「這個就是我的新妻子」。希拉聽到這件事後，怒不可遏地跑來撕了新娘的衣服，才發現宙斯所說的新妻子是木偶。
宙斯說：「**希拉呀！ 我只有妳。要娶新妻子是騙妳的。**」
希拉：「**親愛的……**」
製作木偶的 Daidala 節，就是為了紀念這次的和解的一項活動。⑫

・納夫普利翁的卡納索斯泉
希拉每年都會來北進行沐浴，藉此**恢復處女時的青春純潔模樣**。所以這裡有和希拉有關的沐浴傳承與祕密儀式。⑬
此外，阿爾戈斯與薩摩島都是崇拜希拉的希拉聖地。

為什麼希拉不屈服於宙斯？

希拉是宙斯的姊姊，又做了宙斯的妻子；是婚姻女神，也是貞潔女神。**希拉最有名的神話，莫過於她與宙斯之間足以翻天覆地的夫妻吵架，和無數宛如肥皂劇般對丈夫外遇對象的強烈妒恨與報復行動。**連宙斯獨自生了女神雅典娜時，希拉也氣得幾乎發瘋。

希拉說：「大家聽著！已經有我這個妻子了，宙斯還獨自生了偉大的女神！這是對妻子的莫大侮辱！**我再也不會上宙斯的床了！我也要在沒有性愛的情況下，生一個比宙斯更厲害的孩子！**」

（《阿波羅讚歌第三號》第311行）

果然如宣告的，希拉生了怪獸之王堤豐[34]。憤怒時的堤豐可以讓整個宇宙燃燒起來。

[34] 但是生下這怪獸時，她已經與宙斯和好了，所以便教宙斯可以打敗怪獸的方法。

怪獸堤豐。
堤豐的下半身是毒蛇，身長等同於宇宙。

還有，希拉發現與宙斯有染的女神勒托（阿波羅與阿提密斯的母親）要分娩了，便命令大地與各島不可以提供地方讓勒托分娩，否則該地或該島就會消失。無容身之處的勒托流離失所，只能到處躲藏㉟。

希拉還對其他與宙斯有染的女性下毒手，有放火燒的、有用牛虻追趕、有讓整座島嶼滅亡的、有讓剛出生的孩子發狂的……，希拉的復仇手段宛如外表華麗、內心醜陋的女人復仇劇。

宙斯的花心，讓希拉眼中只有瘋狂的憤怒與嫉妒。但是，請別忘了，能夠和地位最高天神宙斯平起平坐的女神，只有希拉而已。況且，**有些時候甚至可以感覺到希拉的地位似乎凌駕於宙斯之上**。例如奧林匹亞的宙斯與希拉的雕像，坐在寶座上的人是希拉，宙斯則是像侍衛般站在希拉旁邊。

還有，在阿爾戈斯的希拉雕像，希拉坐在寶座上，宙斯則是變身為杜鵑鳥，停在希拉手執的權杖上。從對神的崇拜奉祀這個觀點上進行觀察時，也會發現希臘最古老的重要神廟，更常見的是希拉的神廟。

從上述理由看來，**恐怕希拉才是原本希臘先住民崇拜的最古老主**

㉟勒托最後來到不是大地也不是島嶼的浮島——提洛島（左圖），在此生下阿提密斯與阿波羅。

神[36]。是以宙斯為主神的一派人入侵到那片土地後，把希拉的神話納入自己的神話系統下了。不過，希拉是強大的女神，不會輕易屈從於宙斯，所以就算被納入到宙斯的神話秩序下了，仍然以宙斯的正妻身分，擁有能夠與宙斯相對等的地位。儘管從屬於新來的男神，卻並沒有被淘汰，原因就在於希拉擁有古老而重要的宗教性基礎。

宙斯與希拉的愛情神話

宙斯與希拉這對天神夫婦的感情似乎極為不睦，其實他們也有非常恩愛的時候[37]。

最有名的敘事詩《伊利亞德》裡，就有這麼美麗的一個場面：

宙斯一看到希拉，馬上就愛上她了……他們瞞著父母，偷偷地躺在一起。這是他們的第一次擁抱、相愛。

[36] 在古希臘神話裡，希拉也是克洛諾斯的女兒，是宙斯的姊姊。

[37] 有關宙斯與希拉吵架的神話很多，但也有不少他們相愛的神話。例如兩人結婚的初夜在薩摩島交歡三百年。又例如希拉為恢復處女狀態，每年都會到阿爾戈斯附近的卡納索斯泉沐浴，那時就會與宙斯重溫新婚時的甜蜜。

宙斯對希拉說：「希拉呀，不管對象是女神還是凡人女子，我從來不曾這麼急切過。我的身心完全被妳擄獲了，這是以前從來沒有的情形。來吧！躺在這裡，讓我們共享愛的喜悅吧！」

希拉說：「您說什麼吶！躺在這種地方（伊迪山的山頂）相愛的話，會被大家看到的。我們還是到臥室裡吧！」

宙斯說：「不必擔心。我讓黃金雲把我們圍繞起來，誰也看不到我們。」

宙斯這麼說著，把妻子攬入懷裡，躺了下去。黃金雲將他們團團圍繞，閃閃發光的露珠從雲層裡滴落。

（《伊利亞德》第七歌的部分意譯）

——這是宙斯誘惑希拉聽從他的話時的策略。希拉儘管經常被宙斯的風流行徑氣得做出有失身分的事，但仍然是能與宙斯平起平坐，有時甚至凌駕於宙斯之上的女神；這也是希拉的魅力之一。

名字	ΠΟΣΕΙΔΩΝ **波塞頓** 男性
別名	（英）Poseidon、（羅）尼普頓
主要職務（權能）	**海界之王，守護航海者的安全婚姻。**是海、河、泉的守護者。擁有引發洪水、乾旱、地震、癲癇的力量（就像引發地震一樣，也能讓人發狂、瘋癲）。①

波塞頓名言

「不必再多說，我已決定借妳力量了。我要讓愛琴海的海水湧起，讓米克諾斯的海灘、提洛島的岩岸……卡佩雷斯海岬上佈滿死屍。愚蠢的凡人呀！破壞了城市，任由神廟與神聖的莊園荒蕪、毀壞，犯下這等罪行，是要付出代價的呀！」

（處罰人類吧！——給雅典娜的提議）②

「阿波羅！來呀！你比較年輕，我年長又經驗豐富，索性就讓你先出手吧。」

（與阿波羅對立時）③

周圍對波塞頓的評價

「**你是能夠撼動大地的神呀！**如果我為了凡人而與你開戰，那絕對不是聰明的行為……那會很快就走向滅亡。只不過是為了凡人……」

（阿波羅與波塞頓對立時說的）④

「波塞頓，你是個怪傢伙！只為了一個女人就要開戰嗎？」

（海格力斯）⑤

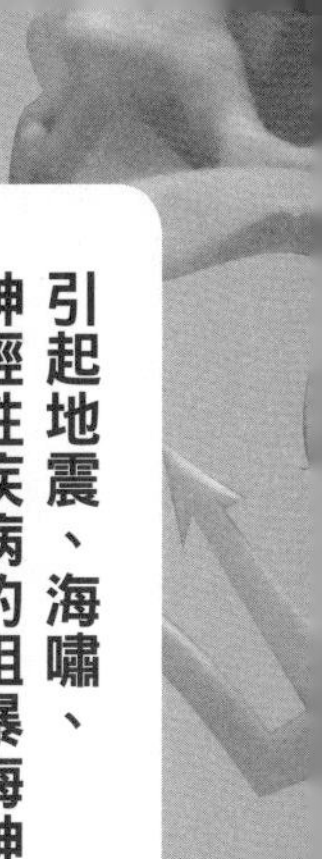

引起地震、海嘯、神經性疾病的粗暴海神

和日本一樣，經常受到地震與海嘯侵擾的古代希臘，認為波塞頓的神格極為強大，以為大地震、大海嘯，都是因為波塞頓的憤怒而起。

波塞頓是代表自然界威脅的神，但他的個性暴躁又好色。再說，波塞頓雖然能讓凡人情緒失控、能讓平靜的大海起大浪，但另一方面也是創造島嶼，穩定海面，守護航海者安全的神。

歷史上，波塞頓原本是跟海洋無關的大地神祇，但在與宙斯競爭地位時，轉為海洋之神。

外表
髮色烏青（或說是漆黑）的中年男子。

● 「髮色漆黑的海神站在眾神之首……」⑥

● 「手拿三叉黃金戟，騎著海豚，坐鎮蘇尼翁海岬的君王。」⑦

與雅典娜相對的波塞頓。

象徵、手持物（識別法）

三叉戟、海、松冠。
【植物】松樹。
【動物】馬、野鴨、海豚及其他海洋生物。
能在海裡跑的馬，馬頭魚尾怪（上半身是馬、下半身是海豚）拉的車。

【左】與巨人作戰的波塞頓。　【右】手持三叉戟的波塞頓。

出生日	不明。聖日是每個月的第 8 日。
出生地	出生於羅德島，住在埃維亞附近的愛琴海海面下。
家族構成	父／克洛諾斯（波塞頓是次子） 母／瑞亞 妻／海洋女神安菲特里忒 著名的兒子／提修斯等等
外號	**埃諾西蓋歐斯（大地的震撼者）**、蓋埃歐卡斯（大地統治者）、亞斯法里歐斯（航海守護神）、西波克里歐斯（馴馬之神）、畢塔爾米歐斯（維護植物者）等等。
女性關係	**超越宙斯、阿波羅，是情人最多的男神。** **・狄蜜特** 追求豐收之神狄蜜特時，狄蜜特變身成馬逃走，波塞頓也變身成馬追上去。二者後來以馬的樣子交合，生下了神馬阿里翁。⑧ ・波塞頓追逐過的女性還包括了阿芙蘿黛蒂、大地之母蓋亞等女神。亦曾與阿波羅一起向海絲蒂亞求婚，但是失敗收場。
男性關係	**・涅利忒斯** 任命美少年涅利忒斯為自己的車夫。因為同樣喜歡美少年的太陽神赫利俄斯也向涅利忒斯表白，波塞頓便將涅利忒斯變成貝殼。⑨ 此外，與珀羅普斯、帕特羅克洛斯⑩ 等也有男性關係。

埃伊納島的阿波羅、波塞頓合祀神廟

波塞頓為了與阿波羅和睦，一起被奉祀的神廟。傳說這裡原本是阿芙蘿黛蒂的神廟，但後來讓發現了刻有波塞頓與阿波羅名字的碑文。就像這樣的，希臘神廟光看外觀的話，大部分看不出這裡到底是誰的神廟，所以經常會被認錯。

波塞頓在希臘神話中的主要經歷

誕生	出生後立刻被父親克洛諾斯吞下肚，在被宙斯救出來前，一直活在父親的肚子裡。⑪
成年期	**泰坦之戰**（參閱宙斯履歷表）
	・尋找能在海底過生活的新娘，向海洋女神安菲特里忒求婚，但安菲特里忒拒絕了，還躲到阿特拉斯山。後來波塞頓派遣了使者帶禮物去見安菲特里忒，經過懷柔、勸說，安菲特里忒才同意嫁給波塞頓。
	・與希拉、阿波羅共謀反叛宙斯，但最後失敗了，被宙斯處罰成為凡人的奴隸，幫特洛伊築城牆。
西元前十二世紀左右	**特洛伊戰爭** 站在希臘這一方。

※ 神話中波塞頓常為了爭奪領地而與雅典娜、赫利俄斯、希拉作戰，但幾乎每次都戰敗。

主要崇拜地與具有特徵性的禮儀

・作為海神，波塞頓的神廟大多在沿海地區與海岸線上。

・航海前要獻給波塞頓裝飾了馬具的馬匹（把馬匹投入海中淹死）。

・曼丁尼亞的波塞頓神廟

這個神域是凡人無法進入的地方，而且因為位置常常改變，所以也無法被窺探。為了「隔離」外人，神域的周圍以一根羊毛圍繞起來，但不守規定的人剪斷了那根羊毛，進入神域之中，於是波塞頓大怒，讓波浪奪走了人的雙眼。⑫

・伊斯米安競技

在科林斯舉行的古代希臘第三大運動會，是獻給海神的競技活動，優勝者可以獲贈松冠（更早是西芹冠）。

① Hippocrates, *On the Sacred Disease*, fr. ② 歐里庇得斯《特洛伊婦女》第 88 行以下。③ 之後阿波羅選擇離開，沒有和波塞頓交戰。荷馬《伊利亞德》第二十一歌第 436 行以下。④ 荷馬《伊利亞德》第二十一歌第 426 行以下。⑤ 這裡的「一個女人」是指「神國女王（統治權）」的暗喻。阿里斯托芬《鳥》第 637 行以下。⑥ 荷馬《伊利亞德》第二十歌第 144 行。⑦ 阿里斯托芬《騎士》第 559 行以下。⑧ 保薩尼亞斯《希臘志》第八卷第二十五章第 7 節，及其他。⑨ Aelian, *On Animals*, 14. 28 ⑩ Photios I of Constantinople, *Bibliotheca* 190. ⑪ 也有一個版本說波塞頓一出生就被母親瑞亞藏在小羊的群中，逃過被父親吞下肚的事。保薩尼亞斯《希臘志》第八卷第八章第 2 節。⑫ 保薩尼亞斯《希臘志》第八卷第十章第 8 節。

數不盡的波塞頓暴動神話

看過宙斯與阿波羅的女性關係（加男性關係），讀者們或許會想「大概沒有下半身比他們更有活力的傢伙了……」。但這麼想的話，就錯了。古代希臘人認為海神波塞頓對性慾的需求強過宙斯與阿波羅，是第一名的性慾之神㊳。

波塞頓是象徵粗暴大自然的神，是引起海上暴風雨、洪水、地震的神，也是地面上的性慾與暴力男。說到波塞頓的神話，有許多是波塞頓爭奪領地時蠻不講理地發脾氣，卻英勇善戰的故事。

某一次，為了雅典市的領有權，波塞頓與女神雅典娜產生對立。波塞頓站在阿克羅玻利斯的山丘上㊴，手中三叉戟往地上一戳，立刻噴出海水，他大聲吼道：「看吧！這就是我的力量！這裡是我的領地！」

另一邊的雅典娜卻說：「那種噴水的把戲對雅典市民有什麼幫助？而且，從那樣的洞裡冒噴出海水，恐怕還會給市民帶來困擾！我會送給人類

㊳波塞頓掌管的大自然災害，可以與男性精力、農業收成做連結，所以祭祀波塞頓的祭儀多與「性」有關。

㊴如今在帕德嫩神廟所在的阿克羅玻利斯山上，還可以看到波塞頓三叉戟的遺跡。還有，每當南風吹來時，這裡也能聽到從地下傳來的波濤聲音。

的，都是對人類有幫助的東西。」然後在波塞頓鑿出的海泉旁邊，種下第一棵橄欖樹㊵。

雅典市民說：「橄欖樹當然比海水更好！是能吃的東西呀！雅典娜女神啊！請成為我們城市的守護神吧！」

——就這樣，波塞頓被激怒了，於是引發了洪水，破壞了雅典西邊的多利亞西亞平原。多利亞西亞平原的洪災是歷史上確實發生過的事件。

另外，波塞頓與女神希拉也因為阿爾戈斯市的所有權產生對立，並且再度失敗。在最高位神宙斯的：「這次再製造洪水的話，你會有什麼下場呢？你自己想想看。」的威脅下，波塞頓這次不敢再造洪水，但心裡不服地想：「哼！既然不能鬧洪水，也有別個讓人類麻煩的方法。」於是讓流經阿爾戈斯的河流乾涸。因此，據說阿爾戈斯這個地方至今也只有宙斯帶來雨水時，才會有水。

除了上述的神話外，波塞頓還有許多因為爭奪領地、發脾氣而引發大自然災難的神話㊶。

㊵ 這裡是雅典娜種的第一棵橄欖樹所在地。現在這裡也種著橄欖樹。

㊶ 還有與雅典娜的特洛增之爭、與宙斯的埃伊納島之爭、戴歐尼修斯的奈克索斯島之爭……等等。

神的受歡迎與否，與市場需求有關

像這樣一個魯莽地到處製造災難，又老是打敗仗的大叔，為何還會被崇拜呢？波塞頓崇拜當然還是有其存在原因的。波塞頓原本是大地神祇，在邁錫尼時代是地位最高的重要神祇[42]，但後來他的權威卻慢慢地被宙斯奪去，只好撤退到海洋，以海洋為據點[43]。

這樣的情形就像本來擁有精華地段的一塊地，卻被趕到漂浮在海面的一塊木板上一樣，想起來還真有點悲哀。但是，從西元前五世紀起，因為波斯戰爭的關係，海軍與制海權的重要性提高了，海神的必要性也相對的大增[44]，於是海神波塞頓再度成為古雅典受敬重的神。

就像這樣，**諸神的地位也會隨著當時的政治情勢而產生變化。一個「神」受歡迎與否，可以說決定於是否符合市場的需求。**

[42] 邁錫尼時代的刻寫板上，波塞頓的名字出現的次數比任何神的名字都多。

[43] 波塞頓經常為了爭奪領地而與其他神交戰，但倒是很快就把德爾菲讓給阿波羅。最蠻橫不講理、沒有道德感的破壞之神是波塞頓，被認為最文明、講道理的神是阿波羅，兩位神祇的交情出人意料之外的好，神話或圖畫裡也經常有兩位大神一起出現的場面。這被認為是利用兩位神的友好，來表現人類從自然威脅獲得獨立與文明的趨勢。

[44] 例如編造出新的神話，認為波塞頓其實就是古雅典當地英雄提修斯的父親。

特集4

古代希臘的地震預測與耐震技術

希臘與日本一樣，都是多地震的國家，西元二〇一四年也連續發生了震度高達6.9與6.1的強震，更還可以看到現代推定震度高達7的古代地震或海嘯的遺跡㊺。古代希臘人認為地震和海嘯都是海神波塞頓憤怒的表現，所以非常害怕波塞頓。我們就來看看古代希臘人是怎麼面對與處理這些災害的吧！

古代希臘的地震預測

古代希臘人認為地震發生前會有以下的預兆——

㊺哲學家柏拉圖說過「傳說中的亞特蘭提斯大陸因為地震與海嘯而消失於一夕之間」的話。還有今日成為觀光勝地的聖托里尼諸島，在西元前十七世紀的火山爆發前，是一座大島。

・天氣異常：出現往年沒有的大雨或乾旱、暖冬、冷夏等等。
・天體異常：太陽的顏色看起來好像帶著紅色或黑色；觀測到大的流星等等。
・大地異常：例如發生地震的地方附近泉水乾涸；或突然刮起暴風，導致樹木枯死；聽到地鳴的聲音等等。

西元前三七三年冬天，赫利刻大地震

著名城市赫利刻46因為古代希臘最大震度47的地震而消失了。

「（海與地震之神）波塞頓突然撼動大地，隨著地震的發生，海面上升，大浪侵襲赫利刻市，捲走了人類。赫利刻市距離海岸兩公里，海浪仍然淹沒了大半個赫利刻市，冬季期間的街道完全沒入海中。……神讓這個城市離開人間。」（保薩尼亞斯《希臘志》第七卷第二十四章）

46 這時期消失的城市很多都已經不知道被埋藏在哪裡了。但是二〇〇一年終於在科林灣岸發現城市的遺址。另外，西元一八一七年，同一地點也因為地震與海嘯而蒙受破壞。

47 古代希臘人依據地震的大小，將地震分為三個等級。
・第一級：地面開始震動後，神廟的圓柱、梁、牆壁會因為地震而錯位或龜裂，但是震動結束後都會回復到原來的位置上（因為神廟的耐震機能而免於倒塌）。建築物不會被破壞。
・第二級：會破壞構造簡單建築物的地震，有些建築物也會逐漸倒塌。
・第三級：地面會隆起的地震。整個市區遭受破壞，都市的痕跡會因為海嘯和地殼變動而消失。

古代的耐震技術

古代希臘人對地震並不是完全不抵抗的。例如很多神廟的柱子都有特殊構造，柱子像魚漿做的竹輪一樣，中間有中心棒做支撐㊽。中心棒能產生柔軟性與平衡，讓地震發生時柱子也不會倒塌（最下方的輪節向右錯位時，其上方的輪節會往反向的左邊錯位，以此種形態保持平衡）。因為有這樣的耐震結構，所以帕德嫩神廟經過兩千年來大大小小的地震後，仍沒有倒塌。

㊽神廟柱子的圓筒。

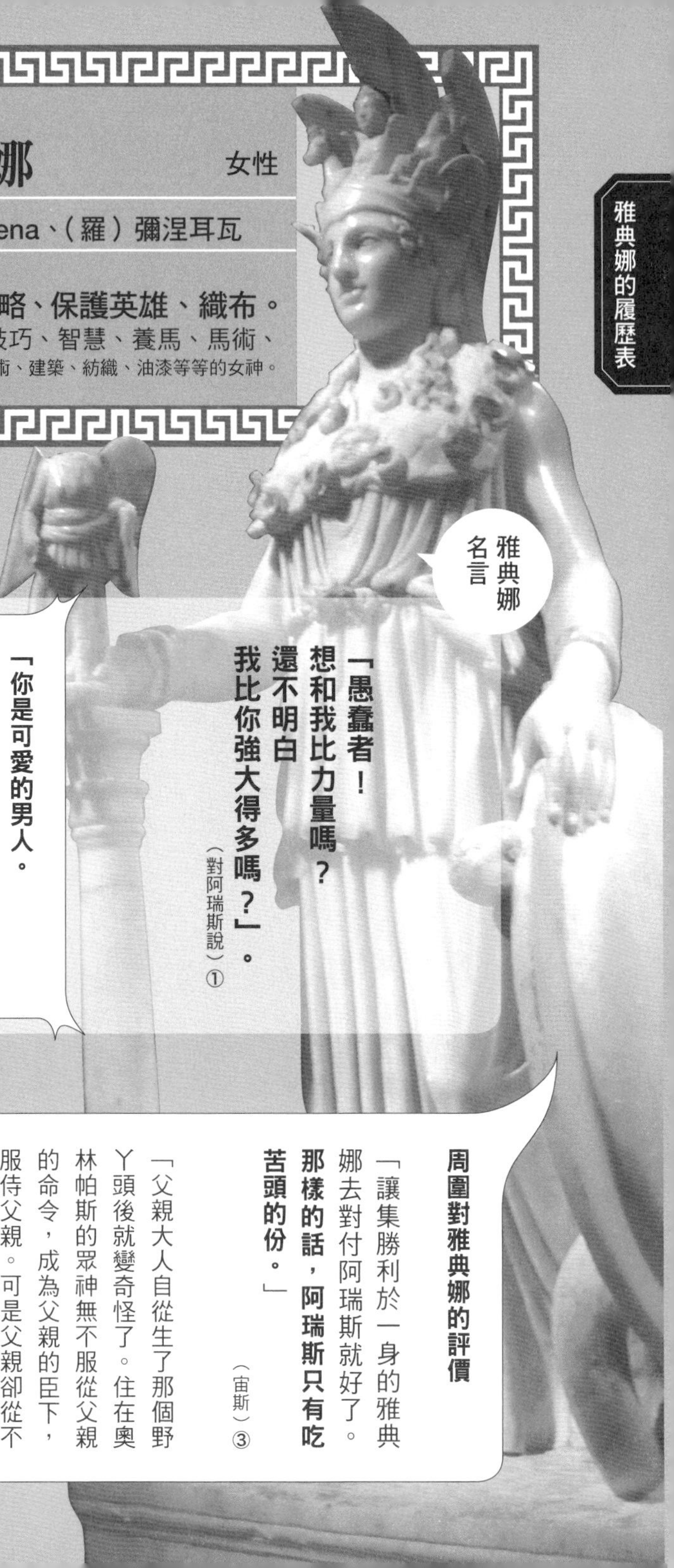

名字	ΑΘΗΝΑ **雅典娜** 女性
別名	（英）Athena、（羅）彌涅耳瓦
主要職務（權能）	**戰爭、戰略、保護英雄、織布。** 手工藝、技巧、智慧、養馬、馬術、航海術、造船術、建築、紡織、油漆等等的女神。

雅典娜名言

「愚蠢者！想和我比力量嗎？還不明白我比你強大得多嗎？」。（對阿瑞斯說）①

「你是可愛的男人。阿瑞斯一點也不足懼。不，不只阿瑞斯，你也可以不用害怕其他神。我一直都會是你的支持者。」（對英雄狄俄墨德斯說）②

周圍對雅典娜的評價

「讓集勝利於一身的雅典娜去對付阿瑞斯就好了。**那樣的話，阿瑞斯只有吃苦頭的份。**」（宙斯）③

「父親大人自從生了那個野丫頭後就變奇怪了。住在奧林帕斯的眾神無不服從父親的命令，成為父親的臣下，服侍父親。可是父親卻從不責罵那個野丫頭，也不管教她，什麼事都讓她隨心所欲。**因為她是父親獨自生出來的的關係嗎？**」（阿瑞斯向父親宙斯抱怨雅典娜）④

從家事到戰事、油漆粉刷，無所不能的雅典娜，是古代希臘的女強人

雅典娜是漫畫《聖鬥士星矢》中守護地面的戰爭之神。但是神話裡的雅典娜並不像漫畫裡那樣廣愛全體人類，她只會幫助英雄和她守護的地區。不過，即使如此，神話裡的雅典娜仍然是古代希臘最受崇拜與重視的神祇之一。

現在的希臘首都之名「雅典」（古雅典），就是源自雅典娜；希臘有名的世界遺產「帕德嫩神廟」，就是奉祀雅典娜的神廟。從古代到現代，雅典娜一直都是希臘的第一號守護女神。

至於雅典娜為何總能打敗擁有力量與權力的軍神阿瑞斯，乃是因為她擁有阿瑞斯所沒有的「智慧」。

雅典娜不僅擁有強大的戰鬥能力，也懂得織布、造船，甚至油漆粉刷等智能型的技藝，是能夠掌管多方面領域的女神。

外表

擁有明亮的灰藍色眼睛的金髮女性。穿著長到腳踝的衣服，身上佩戴著武器。

●「雅典娜把自己親手織的布所做的華麗女性衣裝脫下來，放在父親殿中的地上，換穿貼身的戰袍，含悲忍淚地準備迎接慘烈的戰鬥。她把飄著穗帶的（神盾）埃癸斯扛在肩上，這個盾牌的四周圍繞著福波斯（象徵恐懼與威嚇的神祇）、厄里斯（在敵對雙方間散布著痛苦和仇恨的女神）、阿耳喀（象徵勇猛）和令人害怕的伊歐克（代表追擊），正面是令人毛骨悚然的女怪戈耳工的頭顱。雅典娜戴上頂著兩支硬角、四個凸結，畫著百城勇士的黃金盔，騎著火紅的戰車，手執重而堅固的長槍……」⑤

象徵、手持物（識別法）

埃癸斯（以山羊皮做成，中央有美杜莎的頭顱，是可以擋在胸前的護具）、頭盔、鎧甲、槍、勝利女神尼姬陪伴。

【動物】貓頭鷹。

【植物】橄欖樹。

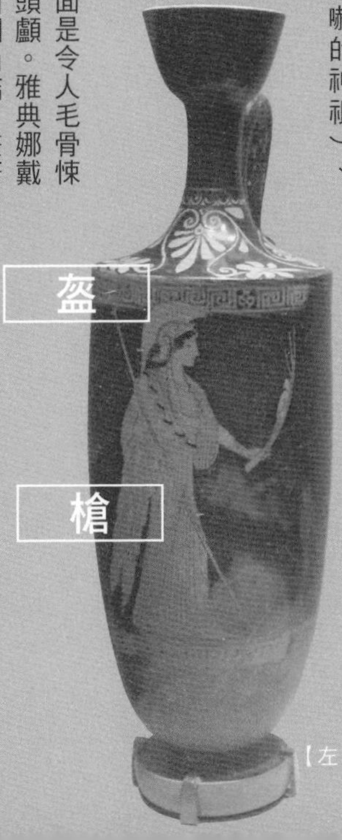

【左】武裝的雅典娜。【右】右手拿著勝利女神尼姬的雅典娜。

出生日	Hekatombaion（百牛犧牲）月的第 27 日。聖日是三天。
出生地	利比亞的妥里托尼斯湖
家族構成	父／宙斯（因為雅典娜的眼睛與波塞頓是相同的明亮顏色，所以也有人認為雅典娜的父親是波塞頓。）⑥ 母／無（也有說是智慧女神墨提斯） 子女／厄里克托尼俄斯（非直接生的）
外號	**巴爾忒諾斯（處女神）**、葛拉烏格匹斯（明亮的眼睛之神）、波利烏苛斯（都市守護神）、**帕拉斯・雅典娜（意義不詳）**⑦、柯留法葛尼斯（從頭生出來之神）等等。
女性關係	—
男性關係	— **（雅典娜是處女神）** 雅典娜用羊毛擦去赫菲斯托斯滴到大腿上的精液，丟到地上後，生出了厄里克托尼俄斯。不過，在希臘的某些地方上，雅典娜不是處女神。

雅典的阿克羅玻利斯
（萊奧・馮・克倫澤，Leo von Klenze 的復原圖）

雅典的衛城阿克羅玻利斯（帕德嫩神廟）

雅典的阿克羅玻利斯是希臘最有名的世界遺產，是以奉祀雅典娜為主的地方，當時有巨大的雅典娜女神像，據說從遠遠的海邊就可以看得到。

① 荷馬《伊利亞德》第二十一歌第 410 行以下。② 荷馬《伊利亞德》第五歌第 826 行以下。③ 荷馬《伊利亞德》第五歌第 769 行以下④ 荷馬《伊利亞德》第五歌第 870 行以下。⑤ 荷馬《伊利亞德》第五歌第 733 行以下。⑥ 保薩尼亞斯《希臘志》第一卷第十四章第 6 節。⑦ 在神話中帕拉斯是雅典娜幼年時的朋友，不小心被雅典娜誤殺，此後雅典娜將自稱是帕拉斯・雅典娜。⑧ 赫西俄德《神譜》第 886 行以下，品達《勝利曲》奧林匹亞勝利曲第七歌第 33 行以下及其他。⑨ Suidas s.v. Arrenophorein, Peplos, Panathenaia. Callimachus, Fragment 122, etc. ⑩ Suidas s.v. Plynteria

雅典娜在希臘神話中的主要經歷	
誕生	宙斯吞了智慧女神墨提斯後，雅典娜從宙斯的頭顱誕生，一出生時就全身武裝。⑧
幼年期	出生開始被送到阿拉爾可梅奈村長大，與河神特里同的女兒帕拉斯為友，一起練習戰鬥的技藝。帕拉斯不幸被雅典娜誤傷而死，於是雅典娜便以帕拉斯．雅典娜自稱。
成人期	**癸干忒斯（與巨人族的戰爭）** 雅典娜與宙斯一起打敗巨人族。
	．與波塞頓爭奪阿提卡(古雅典)土地的領有權(參閱 96 頁)。雅典娜勝。 ．與波塞頓爭奪特洛增土地的領有權，這次的爭奪戰雙方平手，於是與波塞頓共享特洛增的土地。
	．因為大腿沾到赫菲斯托斯的精液，所以誕生了下半身是蛇的厄里克托尼俄斯（也有說是波塞頓討厭雅典娜，所以使赫菲斯托斯去追求雅典娜）。 雅典娜把厄里克托尼俄斯放在盒子裡，寄放在雅典王的女兒阿伽勞洛斯那裡，並再三叮嚀不可打開盒子。但阿伽勞洛斯禁不住好奇心，打開盒子，看到了下半身是蛇的小孩，嚇得發瘋，從克羅玻利斯山往下跳。 雅典娜從烏鴉那裡聽說了這件事後既驚且悲，不自覺地拋落原本要去鞏固城的巨大岩石，這個大岩石變成了雅典的利卡貝托斯山。 又，雅典娜因為生氣帶來消息的烏鴉，便把原本的白色烏鴉變成黑色的，並且不允許烏鴉靠近衛城（**所以今日的帕德嫩神廟一帶看不到烏鴉**）。
西元前十二世紀左右	**特洛伊戰爭** 雅典娜站在希臘這一方，並且貢獻了很多力量。

※ 協助英雄海格力斯與英雄帕修斯的冒險

．在織布比賽時輸給了凡人女子阿剌克涅，生氣的雅典娜便把她變成蜘蛛（希臘語的蜘蛛發音為「阿剌克涅）。

．雅典娜還發明了笛子、喇叭、拉馬的韁繩、船等等。

主要崇拜地與具有特徵性的禮儀

．雅典娜的生日節（Hekatombaion 月的第 27 日起，連三天。）

被選上的處女們縫製衣裳，送給雅典娜像；獻唱為雅典娜作的生日歌曲，舉辦划船賽或比武等等活動，勝利者的獎品是壺。⑨

．雅典娜神廟的清潔日（Thargelion 月，五月的後半到六月的前半。）

把雅典娜像的衣服脱下來洗。只有被選出來的處女可以看到裸身的雅典娜像。這一天因為雅典娜在黃昏前都不在城內，所以被視為不吉之日。⑩

從戰爭女神到掌管織造、榨油等等，雅典娜幾乎是全能的女神

雅典娜是戰爭與智慧之神，以雄赳赳、氣昂昂的全副武裝之姿誕生㊾，**在神話裡她是諸多英雄的支持者；在實際戰爭時，她是城市的守護神。**

雅典娜雖然是女神，卻有更勝於男神的勇武形象。不過，她也有女神的一面。

「……雅典娜把自己親手織的布所做的華麗女性衣裝脫下來，換穿貼身的戰袍，含悲忍淚地準備迎接慘烈的戰鬥。」

沒錯，不管是當時女性做的織布工作，還是男性任務的上戰場，雅典娜都可以獨自完成。古代希臘能把男女工作都做得令人讚美的卓越女子，就是雅典娜。

除了織布與作戰外，雅典娜還掌管了工藝、技巧、智慧、養馬、騎馬術、航海術、造船術、建築，甚至油漆粉刷和榨油等等領域。這位女神「幾乎無所不能」，真可以說是全人類各行各業的守護神。

㊾有一次宙斯在妥里托尼斯湖周圍散步時，頭突然劇烈地痛起來。
「或許前幾日不該吞了智慧女神墨提斯……啊……頭好痛……」
宙斯的哀號響徹天界的各個角落。痛苦之際，宙斯命來鍛造之神赫菲斯托斯。宙斯對赫菲斯托斯說：
「我頭痛死了！快用你的斧頭劈開我的頭顱！」
「遵命。」
赫菲斯托斯老實地答應，於是拿起斧頭往宙斯的頭顱一劈，戰爭女神便從被劈開的頭顱裡誕生了。

雅典娜的最愛？

雅典娜是如此能被依賴的神，所以深受古代希臘人的崇敬與愛戴。關於雅典娜的誕生，有以下神話。

偉大女神誕生的消息傳開來後，希臘各個城市全都搶著奉祀這位女神，「請女神一定要到我們的城市」、「夥伴們，我們一定要建造出希臘第一座雅典娜神廟」。就這樣，整個希臘陷入搶奪雅典娜的紛爭。而最早建造出雅典娜神廟的是羅德島。羅德島的島民們歡天喜地地說：「太好了，現在只剩下在神廟前舉行第一次奉祀女神，獻上犧牲的祭儀了。雅典娜女神是我們的了！」

可是，人在高興的時候，最容易犯下粗心的失誤。羅德島的人們竟然沒有舉祭儀時所需要的火，就執行了供奉犧牲的儀式㊿。這其實只是一個小失誤，可是雅典城在羅德島人犯下失誤時，趁機蓋好雅典娜神廟，並且完成了供奉犧牲的儀式。

一身武裝的雅典娜，從坐在寶座上、頭顱被劈開的宙斯頭上誕生。

㊿這是「羅德島人為何在舉行雅典娜祭儀時沒有用火」的討論起源。羅德島林多斯市舉行雅典娜的奉祀活動時，獻上的是水果，而不是用火燒動物犧牲。

於是，雅典娜決定以雅典為自己的城市，是整個希臘裡她最喜歡的城市……

——這是只有雅典市民才有的想法。

就像「雅典娜」女神的名字，確實與「雅典」城市的名字相似一樣，雅典娜與雅典在歷史上也有極深刻的淵源，所以也有人認為「雅典娜這個名字的意思，就是『雅典城的女神』」。

因此，古雅典城的人最重視的神，就是雅典娜，並且認為「女神雅典娜最重視的就是雅典城的人」，因為這個城市裡有許多女神雅典娜的神話。

不過，當我們再去看其他城市的雅典娜神話時，就會發現「並非僅有雅典市民對雅典娜特別崇拜，其他城市的人也同樣崇拜、愛戴雅典娜」，有許多雅典娜的神話。**幾乎每個城市都認為女神雅典娜最愛的就是自己的城市**。

由各地方的雅典娜神話，可以看出古代希臘神話的地方性，並且看到人們是如何的崇拜女神雅典娜。

更想了解的
希臘神話之謎

為什麼有人被排除在這個浮雕之外？

本書封面插圖「在特洛伊戰爭中指揮英雄們的雅典娜」，是裝飾在埃伊納島的阿帕伊亞神廟上的浮雕圖。

這個浮雕以女神雅典娜為中心（只有神能直立於神廟山形牆的人字板上），其餘的人物則是活躍於特洛伊戰爭的阿克琉斯、埃阿斯等等英雄。即使浮雕上沒有刻出英雄的名字，我們也可以從浮雕上各位英雄的姿態與手持的武器，知道上面是哪幾位英雄。例如最左邊拿著鷲圖案盾牌的人物，就是以鷲為象徵的英雄埃阿斯（「aietos」是古代希臘語中鷲的發音）。

但是，這個浮雕上為何缺少了某一位重要的英雄呢？這個浮雕上的希臘英雄都是與埃伊納島有關的英雄。在特洛伊戰爭中屈指可數的勇士——出身阿爾戈斯的英雄狄俄墨德斯，並沒有出現在這個浮雕中。原因竟是「以前被女神雅典娜守護，最勇敢應戰的不是雅典市或其他城市的人，而是我們埃伊納的英雄」。

同樣的特洛伊戰爭神話，古代希臘人會因為地方性與政治性，而做出不同的反應。

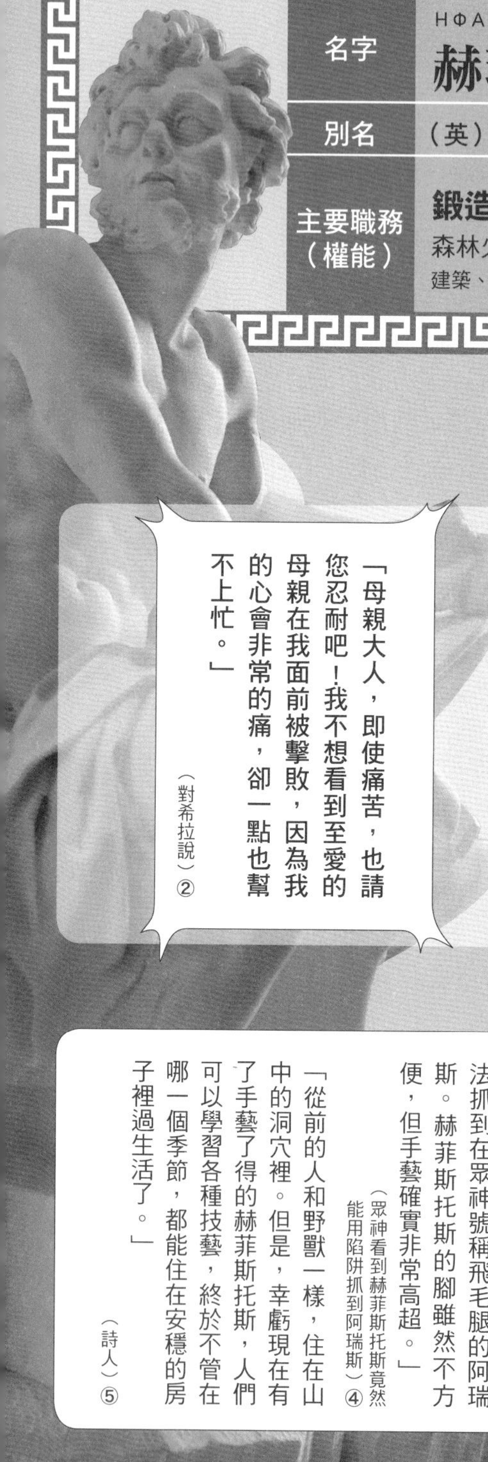

名字	ΗΦΑΙΣΤΟΣ **赫菲斯托斯** 男性
別名	（英）Hephaestus、（羅）武爾坎努斯
主要職務（權能）	**鍛造、金屬加工、鐵工、火。** 森林火災、火災、火山。 建築、木匠及其他工匠職人。

赫菲斯托斯名言

「阿瑞斯長得俊俏又有一雙跑得飛快的腳，而我卻生下來就醜陋。但這不能歸咎於別人，是父母把我生成這樣的。**願意生下這樣的我，我就應該感到慶幸了！**」①

「母親大人，即使痛苦，也請您忍耐吧！我不想看到至愛的母親在我面前被擊敗，因為我的心會非常的痛，卻一點也幫不上忙。」（對希拉說）②

周圍對赫菲斯托斯的評價

「我（希拉）這個孩子一出生，**就是眾神中最孱弱的，而且還跛腳**，所以我抓著他的雙手，把他丟到海中。」（母親希拉）③

「赫菲斯托斯是不會做壞事的神。他的動作雖然遲緩，卻有辦法抓到在眾神號稱飛毛腿的阿瑞斯。赫菲斯托斯的腳雖然不方便，但手藝確實非常高超。」（眾神看到赫菲斯托斯竟然能用陷阱抓到阿瑞斯）④

「從前的人和野獸一樣，住在山中的洞穴裡。但是，幸虧現在有了手藝了得的赫菲斯托斯，人們可以學習各種技藝，終於不管在哪一個季節，都能住在安穩的房子裡過生活了。」（詩人）⑤

容貌醜陋的鍛造之神，靠著優秀的手藝突破困境。他是工匠的理想型

眾神的容貌大多令人賞心悅目，唯獨赫菲斯托斯例外。說得直接一點的話，就是赫菲斯托斯長得非常醜，再加上跛腳，行動不自由，還得靠拐杖才走得好。古代希臘的鍛造工匠因為砷中毒的關係，會出現皮膚病或手腳麻痺的現象，赫菲斯托斯的形象正好符合了砷中毒鍛造工匠的模樣。

赫菲斯托斯長得難看，在眾神中的地位也低，可是他靠著優秀的手藝，突破困境，展現出比人強的一面。那也是古代希臘工匠在現實社會壓抑下所期望的理想。

外表
相貌醜陋、跛腳，有時拄著拐杖。

●「巨大的身體發出喘息聲，一邊拖著腳，一邊從鐵砧台站起來，靈巧地挪動細瘦的腳……然後，他用海綿擦淨臉、手，粗壯的脖子和多毛的胸膛，穿上衣衫，抓起粗拐杖，拖著腳步離開工作坊。」⑦

●「看到氣喘吁吁在屋內踉蹌地跑來跑去的赫菲斯托斯的模樣，幸福的眾神們忍不住發出歡笑聲。」⑧

●「（凡人）走進赫菲斯托斯的神廟，無情地嘲笑赫菲斯托斯的神像。」⑨

象徵、手持物（識別法）

錘子、鉗子、獨眼巨人（赫菲斯托斯的鍛造助手）。

【動物】驢子、鶴、看門狗。

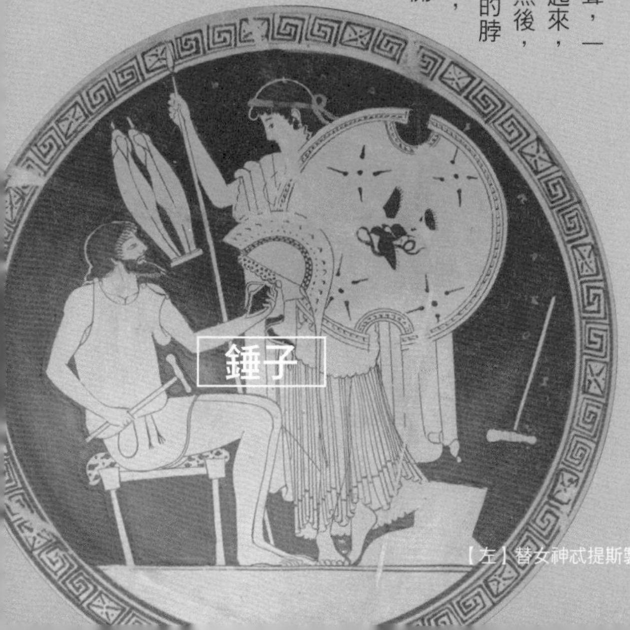

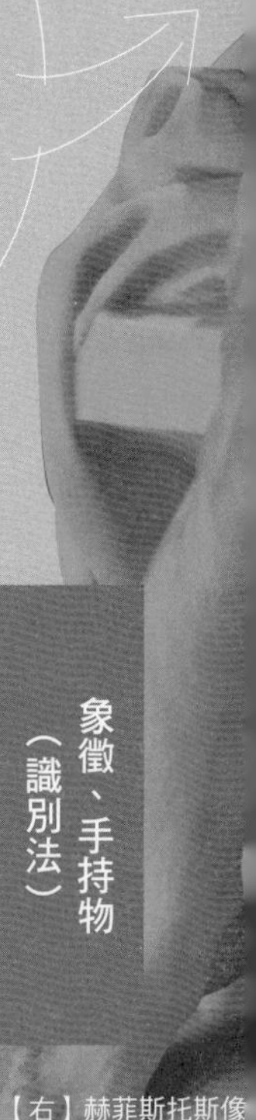

【左】替女神忒提斯製作武器的赫菲斯托斯　【右】赫菲斯托斯像

出生日	不明。
出生地	奧林帕斯（但很快就被丟入海中，漂流到利姆諾斯島）。
家族構成	父／無（也有說是宙斯） 母／希拉 妻／阿芙蘿黛蒂、美惠三女神卡里忒斯中的阿格萊亞 子女／厄里克托尼俄斯、卡貝伊洛 好友／戴歐尼修斯⑩
外號	克流托特克尼斯（名工匠）、波流梅蒂斯（機智者）、安菲吉耶伊斯（腳萎縮的神）、克洛波狄翁（拖著腳的神）、艾達洛格伊斯·特歐斯（煙燻的神），及其他。
女性關係	**·卡比洛** 利姆諾斯島的女神。赫菲斯托斯與卡比洛生了腳不好的鐵匠神們──「卡比洛斯們」。⑪ ·其他還有阿格萊亞、艾托納、卡比洛、安狄克蕾亞等等。另外，赫菲斯托斯因為精液滴落到女神雅典娜的腿上而誕生了厄里克托尼俄斯。
男性關係	—

赫菲斯托斯的主要作品

- **奧林帕斯眾神的神殿**　用黃金與大理石建造眾神的居處，並且還為眾神做了可以自動做食物的有腳鍋子。
- **青銅巨人塔洛斯**　為了守護克里特島而做的機器人（克里特島的克諾索斯王宮就是因為有這個巨人的守護，所以沒有城牆。這是古代希臘人的想法）。
- **德爾菲的會唱歌人偶**　在打造阿波羅的神殿時，製作了會自動唱歌的少女人偶。
- **潘多拉**　赫菲斯托斯用黏土做的最初的人類女性。
- **看不見的鎖網**　捉到了阿芙羅黛蒂與阿瑞斯偷情的證據所做的機關。
- **哈耳摩尼亞的項鍊**　赫菲斯托斯送給阿芙羅黛蒂與阿瑞斯偷情所生的女兒哈耳摩尼亞，是一條帶著詛咒的項鍊。

赫菲斯托斯在希臘神話中的主要經歷

誕生	一出生就因為長得不好看，而被母親丟下奧林帕斯山，所幸得到海洋女神忒提斯的救助與照顧（也有說是希拉把赫菲斯托斯放在奈克索斯島，由養父照料了九年，學習鍛造之術）。
九歲	希拉醒悟不該拋棄赫菲斯托斯，於是為赫菲斯托斯做了一間非常好的鍛造場。
成人期	・為了報復拋棄自己的母親希拉，打造了一張有隱形腳鐐的寶座送給希拉。結果希拉一坐上寶座就站不起來。同樣是希拉兒子的阿瑞斯想用武力把赫菲斯托斯帶回奧林帕斯，但都受阻於赫菲斯托斯做的機關而無法如願。後來眾神勸說赫菲斯托斯：「赫菲斯托斯，不要那樣對待自己的母親。」可是赫菲斯托斯沒被說服，還說：「我沒有母親。」仍然不願留在奧林帕斯山。 赫菲斯托斯不接受任何人的勸說，但卻在喝酒之後，接受了唯一的好朋友戴歐尼修斯的勸說，與戴歐尼修斯回奧林帕斯。此時宙斯對赫菲斯托斯說：「任何你想要的，都可以給你。」赫菲斯托斯因此娶了美麗的女神阿芙蘿黛蒂，還追求了軍神雅典娜。⑫
	有一種說法是：在宙斯與希拉爭吵時，赫菲斯托斯總是站在希拉這邊，憤怒的宙斯便把赫菲斯托斯從天上丟下去。赫菲斯托斯墜落到利姆諾斯島上，腿也因此跛了。
西元前十二世紀左右	**特洛伊戰爭** 站在希臘這一方。引火讓河神斯卡曼德洛斯河流乾涸，並為阿基里斯打造武器。

主要崇拜地與具有特徵性的禮儀

・**利姆諾斯島**。這裡是赫菲斯托斯最喜歡的地方。⑬

・**傳遞聖火**

由數人接力傳送聖火，最快抵達終點的隊伍獲勝。在希臘全土舉行。⑭

・**赫菲斯托斯神廟的獵犬（西西里島）**

西西里島的赫菲斯托斯神廟裡面是一片神聖的樹叢，有永不熄滅的火，也養著獵犬。老實的人要進入神廟時，獵犬會前去親近、迎接，但做壞事的人去了，獵犬就會去咬做壞事的人。還有，獵犬雖然不會去咬犯了私通、淫蕩之人，但會吠叫著趕走他們。⑮

① 荷馬《奧德塞》第八歌第 311 行以下。② 荷馬《伊利亞德》第一歌第 585 行以下。③《荷馬的諸神讚歌》「阿波羅讚歌」（讚歌第三號）第 315 行以下。④ 荷馬《奧德賽》第八歌第 328 行以下。⑤《荷馬的諸神讚歌》「赫菲斯托斯讚歌」（讚歌第二十號）第 5 行以下。⑥ 埃斯庫羅斯《普羅米修斯之縛》第 35 行以下。⑦ 荷馬《伊利亞德》第十八歌第 410 行以下。⑧ 荷馬《伊利亞德》第一歌第600行以下。⑨ 希羅多德《歷史》第三卷第 37 章。⑩ 保薩尼亞斯《希臘志》第一卷第二十章第 3 節。⑪ 希羅多德《歷史》第三卷第 37 章。⑫ 許癸努斯《傳說集》第 166 節。⑬ 荷馬《奧德賽》第八歌第 267 行以下。⑭ 希羅多德《歷史》第八卷第九十八章 2 節。⑮ Aelian, *On Animals* 11.3。

為什麼赫菲斯托斯的遭遇如此悲慘?

赫菲斯托斯當時就能做出即使到了二十一世紀的現在,人類仍然做不出的思考能力機器人。他還做出了有遙控機能,能從遠處把行李送回家的無線操控器、設計出即使現在巴黎時裝博覽會的頂級設計師也望塵莫及的美麗飾品。

赫菲斯托斯就是能製作出這等好作品的鍛造師,他是工匠之神。然而與他有關的神話裡,卻處處可見他坎坷的命運。

赫菲斯托斯一出生,他的母親希拉就哀嘆地說:

「我(希拉)這個孩子一出生,就是眾神中最孱弱的,而且還跛腳[51],所以我抓著他的雙手,把他丟到海中。……好像是海的女神忒提斯救了他、照顧了他。但是忒提斯若也能在其他地方多幫助眾神,那就更好了。」(「阿波羅讚歌(讚歌第三號)」第314行以下。)

[51] 鍛造之神跛腳的說法不只出現在希臘神話中,西非或斯堪地納維亞半島也有類似的故事。歷史上有為了防止鍛造匠逃脫或投敵,所以故意打斷他們腿的故事。赫菲斯托斯跛腳的神話有可能源自於此。但也有可能是暗喻鐵匠因為工作的關係而金屬中毒。

還有，當宙斯與希拉爭吵時，赫菲斯托斯總是支持希拉，讓宙斯憤怒地把赫菲斯托斯從天上往下丟，撞到利姆諾斯島[52]，赫菲斯托斯差點因此沒命。

更可悲的是，赫菲斯托斯的妻子阿芙蘿黛蒂與弟弟阿瑞斯的姦情。

赫菲斯托斯說：「妻子也瞧不起長得醜的我，愛上了我那粗暴的弟弟。因為阿瑞斯相貌堂堂，和我不一樣。我生下來就醜，但這不是我的錯，是父母把我生成這樣的。願意生下這樣的我，我就應該感到慶幸了！」

——甚至在酒宴的時候，只因為斟酒時走路的模樣滑稽，便受到眾神的嘲笑。在希臘神話裡，赫菲斯托斯受到的對待真的太殘酷了。

為什麼赫菲斯托斯會受到如此殘酷的對待呢？因為在貴族般的希臘神話世界裡，鍛造匠人的地位被認為是低賤的。

[52] 利姆諾斯島是崇拜赫菲斯托斯的重要地點之一。赫菲斯托斯的工作地點是火山，而利姆諾斯島自古以來就是火山島，總是在冒煙。此外，從呂基亞到奇里乞亞一帶的火山群、西西里島附近的利帕里諸島等等，都與火山島有密切關係。

赫菲斯托斯被視為鍛造坊的工匠，只是被利用來打造器物的神，完全不受尊敬。而且，他不像希臘十二主神一樣住在奧林帕斯山，而是住在阿卡迪亞那樣的地方。

靠自己本事開拓環境的神

赫菲斯托斯儘管一直被嘲笑，仍然靠著自己的技術與智慧，突破困境。例如：他用自己製作的機關，在床上安裝了看不見的鎖網，讓阿芙蘿黛蒂成為偷情的現行犯。還有，為了報復曾經拋棄自己的母親希拉，送給她一張裝置了看不見鎖的寶座，希拉一旦坐上那張寶座，就會被綁在寶座上。

此時的赫菲斯托斯因為罷工而閉門不出自己的作坊，也沒有人來找他打造武器、神殿或裝飾品。說起來，天神們也有一籌莫展的時候。

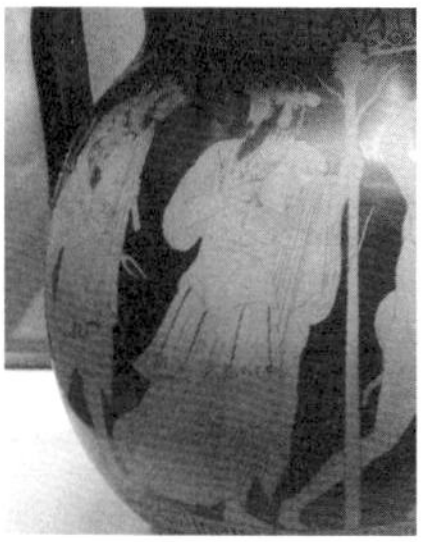

㊸酒神戴歐尼修斯帶著赫菲斯托斯回到奧林帕斯。（赫菲斯托斯的腳行動不便，所以由薩堤爾扶著。）

生活陷入一籌莫展的赫菲斯托斯還是不聽眾神們的勸說，不願回去奧林帕斯生活。不過，赫菲斯托斯唯一信賴的好友——酒神戴歐尼修斯（他也是弱者的盟友）在赫菲斯托斯喝醉之時，說服了赫菲斯托斯，成功地把赫菲斯托斯帶回奧林帕斯[53]。

這個神話也暗示著「赫菲斯托斯的鍛造作坊太小」了。

赫菲斯托斯不是受到很多尊敬的神。可是，**就像工匠們以自己的技術與智慧對抗貴族社會那般，赫菲斯托斯靠著本事，開拓了屬於自己的環境，是一位十分堅韌的神。**

雖然赫菲斯托斯不是處處受到崇拜的神，但在工匠特別多的城市——例如雅典，他就是一位廣受崇拜的神。

因為神廟可以帶來庇蔭，所以位於廣場附近的赫菲斯托斯神廟[54]一帶聚集了許多工匠或鐵匠的工作坊。此外，為了禮拜火神赫菲斯托斯[55]所舉行的奉祀儀式，一定會有和今日的奧運一樣的「傳遞聖火」活動。

[54] 殘存至今的赫菲斯托斯神廟。

[55] 赫菲斯托斯的奉祀活動中有「傳遞聖火」的活動。以接力的方式傳送火把，最快抵達終點的隊伍獲勝。雅典的赫菲斯托斯節、卡爾克伊亞節、阿帕啾利亞節等等，都是奉祀赫菲斯托斯的節日。

名字	ΑΡΗΣ **阿瑞斯**　男性
別名	（英）Mars、（羅）瑪爾斯
主要職務（權能）	**戰爭、毀滅、戰鬥** 守護都市、勇氣、掠奪、叛亂 市民的暴動、山賊、強盜、保護殺人

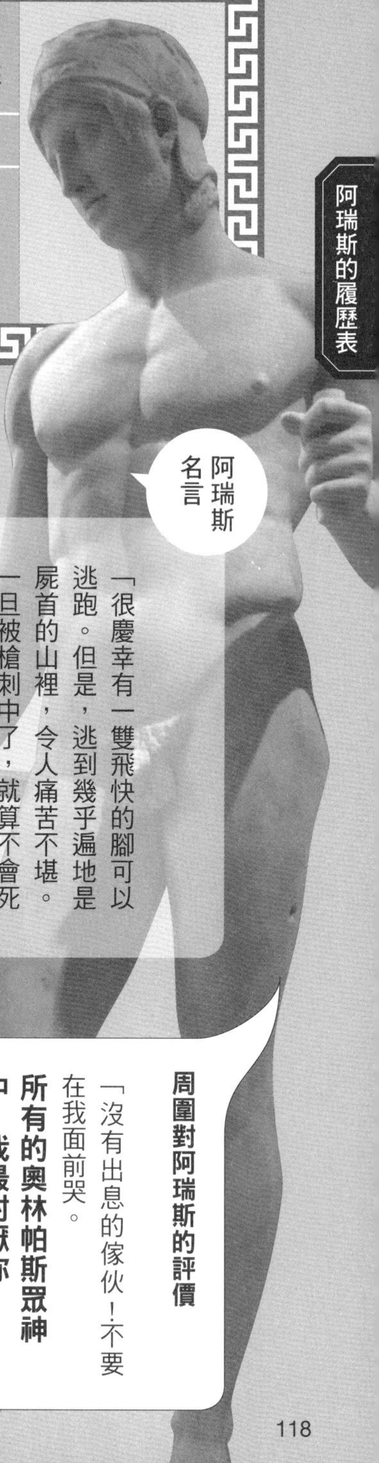

阿瑞斯名言

「很慶幸有一雙飛快的腳可以逃跑。但是，逃到幾乎遍地是屍首的山裡，令人痛苦不堪。一旦被槍刺中了，就算不會死也會全身無力，這樣的情況下是或許能繼續活，也或許不能……」（被狄俄墨德斯的槍刺中側腹時說的）①

「可愛的女神呀！快到床上來和我作伴吧！讓我們一起享受愛的歡娛。妳的丈夫赫菲斯托斯已經不在這個國度了。」（與阿芙蘿黛蒂私通時）②

周圍對阿瑞斯的評價

「沒有出息的傢伙！不要在我面前哭。**所有的奧林帕斯眾神中，我最討厭你。**你只會打架、戰爭、吵架，你簡直是……」（父親宙斯）③

「煩人的狗蠅。為什麼你會那麼膽大包天地挑釁眾神？」（雅典娜）④

「阿瑞斯一點也不足懼。……看吧！他一點也不理智，完全是個蠢蛋。」（雅典娜對英雄狄俄墨德斯說）⑤

希臘神話中的阿瑞斯雖然像個小癟三，在羅馬神話裡卻是大受愛戴的軍神

和掌管智慧並且擅長使用戰略或兵法的軍神雅典娜不一樣，阿瑞斯在戰爭中的表現魯莽又粗暴，是象徵毀滅的軍神。

因為古代希臘人將沒秩序、沒規則的戰爭視作野蠻的行為，所以阿瑞斯的戰爭神話大多是胡搞蠻打的戰鬥。

他是為了求戰而戰，只知埋頭蠻打的戰神。不過，他也有為了保護家人或愛人而戰的深情一面。

在古代希臘，阿瑞斯並不是受愛戴的神，但到了羅馬時代，他被視為與「瑪爾斯」一體，是羅馬帝國之祖，成為大受崇敬的神，可謂羅馬時代最「出人頭地」的希臘神。

外表

全副武裝，拿著槍與盾，有鬍子的男子；或沒有鬍子的少年。

因為他沒有什麼特殊的象徵，所以不容易從古代希臘的美術作品中被辨認出來。

●「阿瑞斯容貌俊俏，而且跑得很快……」⑥

●「軍神的皮肉一綻開，英雄狄俄墨德斯立刻拔出槍。此時身著青銅戰袍的阿瑞斯發出宛如九千士兵——不，是一萬——士兵般的哀號。……不知厭戰為何物的阿瑞斯的哀號，實在慘烈極了。」⑦

●「有著鐵打的心臟的阿瑞斯沒有戴頭盔，沒有拿槍，沒有穿胸甲也沒有拿劍，而是套著跳舞的圈圈，笑著。」⑧

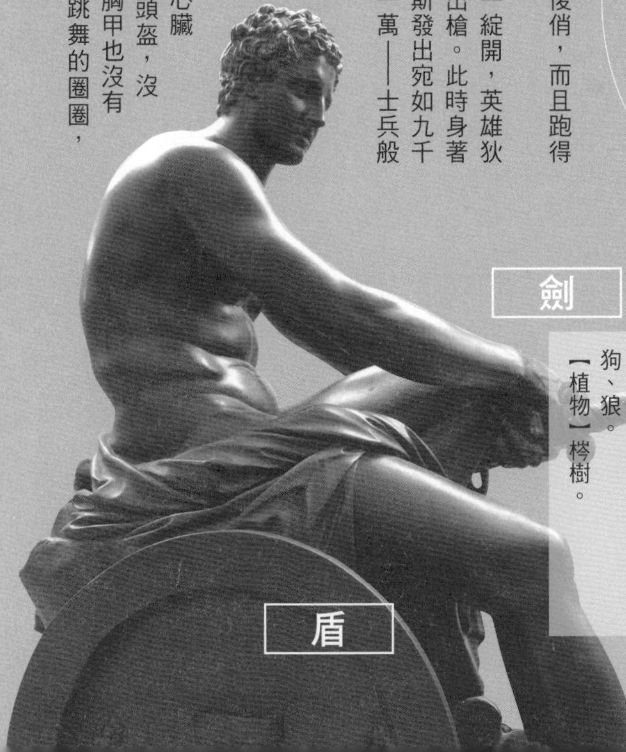

象徵、手持物（識別法）

槍、盔甲、火星。

【動物】啄木鳥、倉鴞、禿鷲、鵰鴞、公雞、羽毛有如射出之箭般的神話中的鳥、狗、狼。

【植物】梣樹。

出生日	不明。
出生地	色雷斯與普洛龐狄斯（現在的馬爾馬拉海）的左岸。
家族構成	父／宙斯（也有說沒有父親） 母／希拉 妻／無，或說是阿芙蘿黛蒂 子女／福波斯（敗逃）、得摩斯（恐懼）、哈耳摩尼亞（協調）、厄洛斯（欲望）等等。
外號	米艾弗諾斯（全身是血的神）、狄克西布雷特斯（毀滅都市的神）、利諾托洛斯（能刺破楯的神）、**安德雷風特斯（殺男人的神）、吉奈柯托伊那斯（取悅女人的神）**⑨，及其他。
女性關係	**・阿芙蘿黛蒂** 和阿芙蘿黛蒂私通時，被阿芙蘿黛蒂的老公赫菲斯托斯逮個正著，在眾男神面前丟臉（參閱 116 頁）。 **・塔納格拉⑩** 喜歡寧芙精靈中的塔納格拉而與荷米斯大打出手，輸給了荷米斯 **・埃洛珀⑪** 與凡人女子埃洛珀相戀，但懷孕的埃洛珀在分娩時死了，阿瑞斯為了讓出生的兒子吃奶，從已死的埃洛珀胸部擠出母奶。 ・其他還有阿斯堤俄、狄摩尼克、厄俄斯等等。
男性關係	—

阿瑞斯的主要敗仗

・特洛伊戰爭中的敗仗（參照①）

側腹被受到軍神雅典娜庇護的英雄狄俄墨德斯刺中，發出宛如千軍萬馬般的哀號，逃往奧林帕斯。

・在皮洛士戰爭中敗給了英雄海格力斯ⓐ

以楯牌擋了海格力斯的三槍後，被海格力斯的第四槍刺中大腿後逃走。

・在拳擊比賽中敗給阿波羅ⓑ

在眾神的奧林匹克競技賽時向阿波羅拳擊，輸給了阿波羅。

※ 但阿瑞斯也有打贏的時候，例如在癸干忒斯之戰時打敗了巨人族。另外，在為了子女解除危險時（雖然敗了），阿瑞斯也展現了深情的一面。

ⓐ Hesiod, *Shield of Herakles* 357 ff。ⓑ 保薩尼亞斯《希臘志》第五卷第七章第 10 節。

阿瑞斯在希臘神話中的主要經歷

誕生	父親宙斯，母親希拉。與厄里斯（不和女神）、艾莉西亞（助產女神）一起出生。
成年期	**泰坦神族（巨人族）與希臘神族之戰（泰坦戰爭）** 支持宙斯的戰爭。⑫ **癸干忒斯（巨人大戰）**（參閱宙斯的履歷表） ・與巨人族的阿洛伊代作戰，因為戰敗而被丟下天界，之後的**十三個月都被關在青銅甕中**。後來得到荷米斯的幫助，得以離開青銅甕。 ・死神桑納托斯被凡人薛西弗斯綁住，凡人從此不用進入冥界，變成不死之身。此時阿瑞斯救了桑納托斯，逮捕了薛西弗斯。 ・阿瑞斯殺死了波塞頓兒子，被諸神法庭問罪，但阿瑞斯辯稱說：「因為他的兒子要侵犯我的女兒，我是為了救我的女兒，才犯下那樣的罪。」結果阿瑞斯被判無罪。
西元前十二世紀左右	**特洛伊戰爭** 為特洛伊而戰。他原本答應母親希拉與雅典娜要幫助希臘這邊，但因為情人阿芙蘿黛蒂的要求，轉而支持特洛伊。在戰鬥中被英雄狄俄墨德斯的長槍刺中，敗給了雅典娜。

※ 被母親希拉命令去阻擾阿波羅與阿提密斯的誕生，但任務失敗；和赫拉克克勒斯打時，又輸了；受母命帶赫菲斯托斯回奧林帕斯之事，也未能完成。

主要崇拜地與具有特徵性的禮儀

・戰爭開始，戰士出征前經常會獻上犧牲禮拜阿瑞斯，比較少見神廟舉辦奉祀阿瑞斯的活動。不過，斯巴達有奉祀阿瑞斯的盛大活動，以狗為犧牲。

・阿瑞斯的腳鐐
斯巴達的阿瑞斯神像腳上有腳鐐，所以阿瑞斯是戴著腳鐐接受奉祀的，理由是「不要讓勝利之神阿瑞斯逃走」。⑬

① 荷馬《伊利亞德》第五歌第 887 行以下。② 荷馬《奧德塞》第八歌第 290 行以下。③ 荷馬《伊利亞德》第五歌第 889 行以下。④ 荷馬《伊利亞德》第二十一歌第 383 行以下。⑤ 荷馬《伊利亞德》第五歌第 826 行以下。⑥ 荷馬《奧德塞》第八歌第 265 行以下。⑦ 荷馬《伊利亞德》第五歌第 863 行以下。⑧ Colluthus, *Rape of Helen* 14 ff。⑨ 阿瑞斯是特歌亞市女性崇拜的神。⑩ Corinna, Fragment 666。⑪ 保薩尼亞斯《希臘志》第九卷第三十七章第 7 節。⑫ 但這個神話後來或許和癸干忒斯戰爭混為一談了。Nonnus, *Dionysiaca* 18, 274 ff. ⑬ 保薩尼亞斯《希臘志》第三卷第十五章第 7 節。

魯莽而不被喜歡的破壞之神

阿瑞斯不分青紅皀白地殺生，是**不見血不歡的軍神。有關他的神話總是由殺戮開始，但雖然是軍神，卻總以敗仗作為結束**。有次參與地面上的凡人戰爭，他堂堂一位軍神被凡人刺中側腹[56]，皮開肉綻開地發出一萬軍士聲勢般的哀號，逃到父親宙斯那裡哭訴。

阿瑞斯：「父親！您看看我流血了！那個凡人太厲害了，我如果逃得慢一點，或許就會被刺死。」

宙斯：「不要在我面前哭。沒出息的傢伙！所有的奧林帕斯眾神中，我最討厭你。你只會打架、戰爭、吵架，你簡直是……（以下都是宙斯教訓阿瑞斯的話）。」

還有和巨人族作戰，打了敗仗後被鎖鍊綁了起來，關在青銅甕中十三個月。眾神在想「最近怎麼都沒有看到阿瑞斯……」時，阿瑞斯其實正在面臨死亡[57]。

[56] 在這個時候刺中阿瑞斯的人，正是受到另一位軍神保護的英雄狄俄墨德斯。這位狄俄墨德斯也曾經刺中了美神阿芙蘿黛蒂的手臂、攻擊過光明之神阿波羅，是極其厲害的英雄。

[57] 荷米斯找到了被藏起來的阿瑞斯，救出阿瑞斯。

阿瑞斯還曾經敗給海格力斯，被赫拉克拉斯追到天界，也敗給同樣是軍神的雅典娜好幾回。最難堪的是與阿芙蘿黛蒂的姦情被捉姦在床後[58]，被吊起來示眾，受到起鬨眾神嘲笑的事。此外，他還因為殺死了波塞頓的兒子而被眾神控告[59]，站在諸神法庭之中……

阿瑞斯的這般形象，是極其負面的。**他與同樣是軍神的雅典娜完全不同，與戰略、正義、秩序扯不上關係，是殘忍又凶猛，喜歡殺戮的破壞之神。**他是為戰而戰，到處散播戰爭火種，喜歡殺人的軍神。

古代希臘人視阿瑞斯毫無章法的戰爭為野蠻的行為，這就是阿瑞斯的神廟與阿瑞斯崇拜不多的原因。

但竟是希臘神話中最「出人頭地」的男神

阿瑞斯是被眾神與凡人嫌棄的神。但是從這樣的古代讚歌[60]裡可以發

[58] 在很多神話裡阿芙蘿黛蒂的丈夫是阿瑞斯，他們也經常一起接受人們的崇拜與奉祀。但在《伊利亞德》裡阿芙蘿黛蒂的丈夫是赫菲斯托斯，阿瑞斯則是阿芙蘿黛蒂外遇的對象。

[59] 阿瑞斯被判決的法院被稱為「阿瑞斯之山」，如今還能在雅典看到此一遺址。當時阿瑞斯以「波塞頓的兒子想侵犯我的女兒」，來為自己的行為做辯護，最終被判為正當防衛而無罪獲釋。

現，這位非主流的神其實也廣受愛戴。

「威武有力的阿瑞斯神。是穿越黃金頭盔，駕馭戰鬥的神！擁有強大的心臟，高舉盾牌、身穿青銅甲冑的城市守護神……。是永不疲倦、舉世無雙的槍手，是奧林帕斯的護胸城牆！是站在高處給我們的生命光明與威武勇氣的神！」

在斯巴達市的阿瑞斯神像腳上雖然有腳鐐，但那是因為「帶來勝利的阿瑞斯如果不被鎖鍊鎖著，就會不知跑到哪裡去了[61]。為了讓阿瑞斯神永駐斯巴達，只好這麼做」。

就這樣，殘忍又粗暴，被討厭的阿瑞斯，也有象徵帶來勝利，能夠幫助人，被人崇拜、愛戴的時候[62]。

不說古代希臘，到了古羅馬時代，阿瑞斯還一躍成為大受推崇的神。阿瑞斯與古代羅馬的軍神瑪爾斯被視為一體，而瑪爾斯即是羅馬建國之祖羅慕路斯的父神。

[60]《阿瑞斯讚歌》的部分摘錄。被認為是一般古代希臘宗教、神話以外的《奧菲斯讚歌》的一部分。

[61]雅典人對勝利女神尼姬也有類似的行為。基於「不希望勝利女神帶著雅典的勝利飛走」的想法，於是應該有翅膀的勝利女神像的翅膀不見了。

[62]受特歌亞市的女性崇拜，視為「取悅女性的神」(吉奈柯托伊那斯 gynoi-kothoinas)。又，忒拜則以阿瑞斯為城市的祖先。此外，雅典與阿爾戈斯都有阿瑞斯的神殿，接受人們崇拜。

更想了解的
希臘神話之謎

為什麼希臘諸神到了羅馬後，只有名字變了？

希臘神話的軍神「阿瑞斯」在進入羅馬時期後，為何外表不變，名字卻變成了「瑪爾斯」?

原因在於：相對於古代希臘人把神擬人化了，羅馬人最早時認為「神是沒有形體的（例如：雷就是雷），沒有一定的個性或姿態」。

後來羅馬從希臘吸收文化之際，借用了相同位置的神的姿態，於是羅馬的神也有了形體。因此「瑪爾斯」和「阿瑞斯」有了同樣的外表。

不過，因為羅馬沒有和光明之神阿波羅相同位置的神，所以直接吸收了阿波羅這個神。所以阿波羅在希臘神話時代的名字是「阿波羅」，到了羅馬神話時代的名字也是「阿波羅」。

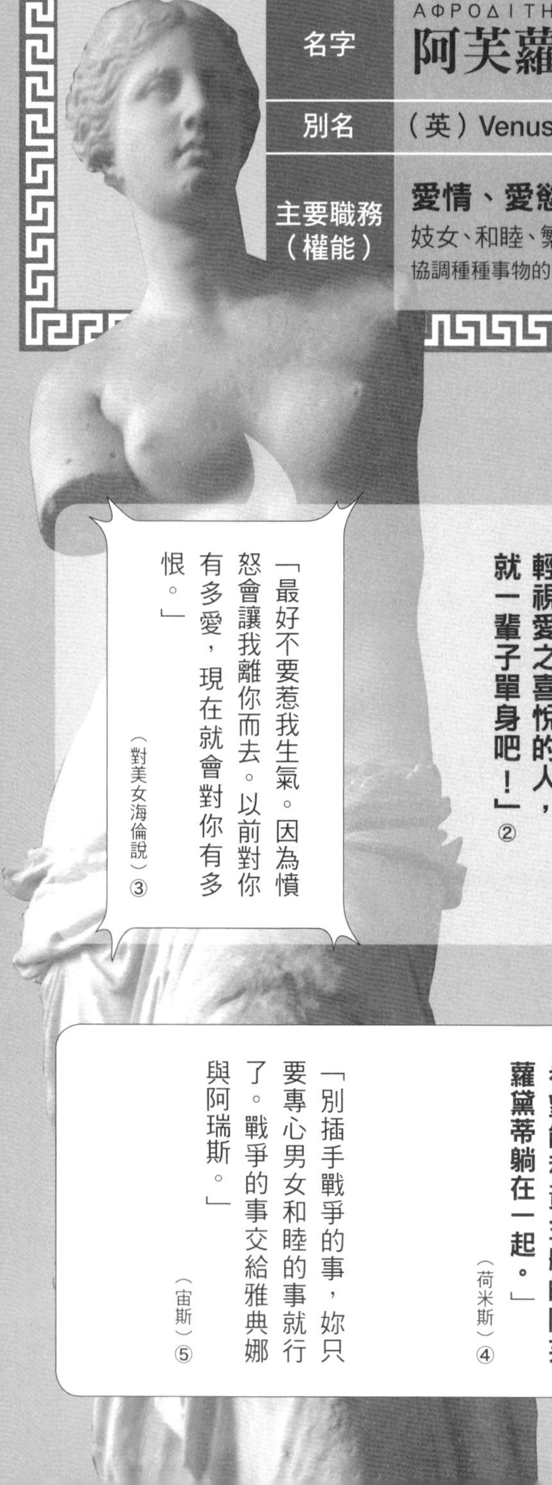

名字	ΑΦΡΟΔΙΤΗ **阿芙蘿黛蒂**　女性
別名	（英）Venus、（羅）維納斯①
主要職務（權能）	**愛情、愛慾、美、喜悅** 妓女、和睦、繁殖、豐收、航海、作戰① 協調種種事物的女神。

阿芙蘿黛蒂名言

「這個世上之人中，若有人對我傲慢，做出驕傲自大的舉動，我會毀滅他。**稱我為不祥之神，輕視愛之喜悅的人，就一輩子單身吧！**」②

「最好不要惹我生氣。因為憤怒會讓我離你而去。以前對你有多愛，現在就會對你有多恨。」（對美女海倫說）③

周圍對阿芙蘿黛蒂的評價

「能和阿芙蘿黛蒂共寢是多麼好的事呀！就算被三倍鎖鍊縛住，被男神們女神們看到了也無所謂。**我希望能和黃金般的阿芙蘿黛蒂躺在一起。**」（荷米斯）④

「別插手戰爭的事，妳只要專心男女和睦的事就行了。戰爭的事交給雅典娜與阿瑞斯。」（宙斯）⑤

世界第一性感，永遠的美之女神

說到「維納斯」，誰都知道她是世界上最有名的美女。她有能力讓不管是眾神還是凡人，或任何有生命者產生愛慾，讓他們生殖，讓萬物結合。

不過，阿芙蘿黛蒂的力量無法左右到三位處女神（雅典娜、阿提密斯、海絲蒂亞）。

雖然進入禁止崇拜希臘眾神的時代時，不講理的女神尤其飽受攻擊。不過，例如波提切利的《維納斯的誕生》，《米洛的維納斯》等等，描寫她的藝術作品仍然不計其數，甚至我們現在也仍然稱美麗的女人為「維納斯」。幾千年來這位女神一直讓人類著迷不已。

外表

擁有一頭金髮的美女。以美麗裸體來表現閃閃發亮的珠寶飾品的美人。

● 「女神穿著以春天花朵上色的衣裳。四季帶來的花朵例如蕃紅花、風信子、清新紫羅蘭、像神酒一樣甜美的玫瑰……，而阿芙蘿黛蒂身上穿的，便是所有花的香氣染成的衣裳。」⑥

● 「阿芙蘿黛蒂頭上戴著美麗的精緻金冠，穿洞的耳垂上戴著黃銅與黃金做的花形飾品。」⑦

● 「可愛的臉龐上經常帶著微笑，容顏宛如散發著美麗光芒的花朵。」⑧

象徵、手持物（識別法）

金色的愛情腰帶（只要將腰帶戴在腰上，就能誘惑任何男性的東西）。身邊常伴有少年翼神厄洛斯（邱比特）。手裡拿著男性生殖器。乘坐大貝殼。真珠。金星。

【植物】蘋果、桃金娘⑨、玫瑰、沒藥、乳香、罌粟花，生菜，石榴，銀蓮花⑩、醉仙翁⑪、香檸檬，及其他。

【動物】鴿子、兔子、麻雀、燕子、鶺鴒、蟻鴷、海豚。

【左】把愛的勝利傳授給男性的阿芙蘿黛蒂。【右】米洛的維納斯。

出生日	聖日是每月的第 4 日。
出生地	賽普勒斯島（附近的海）。
家族構成	父／烏拉諾斯（烏拉諾斯被砍下的陽具掉落大海中，含著精液的水泡誕生了阿芙蘿黛蒂）。 母／無（但也有說阿芙蘿黛蒂的母親是宙斯的第二妻子狄俄涅）。 夫／赫菲斯托斯（或說是阿瑞斯） 子女／眾多
外號	**阿芙蘿可尼斯（從泡沫誕生者）**、耶畢斯托洛比亞（改變想法者）、普修忒洛斯（耳語者）、帕拉吉杜沙（流淚者）、拜歐特斯（小耳者）、卡利比勾斯（改變想法者）、**阿姆波洛格拉（慢老者）**、菲洛梅伊忒斯（愛微笑者）等等。
女性關係	—
男性關係	・**會和阿波羅以外的奧林帕斯男神交往（阿瑞斯、荷米斯、戴歐尼修斯、赫菲斯托斯、宙斯、波塞頓）。** ・也和多個凡人男子談戀愛。 ・**阿多尼斯** 與珀耳塞福涅珀耳塞福涅爭奪美少年阿多尼斯。阿多尼斯被殺死時所流的鮮血變成了銀蓮花，阿芙蘿黛蒂的悲傷眼淚變成了薔薇。⑫ ・安喀塞斯（參閱 133 頁）等等。

① 是斯巴達市崇拜的武裝女戰神。② 歐里庇得斯《希波呂托斯》第 1 行以下。③ 荷馬《伊利亞德》第三歌第 397 行以下片段。④ 荷馬《奧德賽》第八歌第 340 行。⑤ 荷馬《伊利亞德》第五歌第 428 行以下。⑥ 史答西諾斯《吉布利亞》（沓掛良彥譯）。⑦《阿芙蘿黛蒂讚歌》（讚歌第六號）第 8 行以下。⑧《阿芙蘿黛蒂讚歌》（讚歌第十號）第 3 行以下。⑨ 桃金娘的香氣濃郁，是象徵婚姻、和合的植物。⑩ 現在銀蓮花的祖先是「牡丹一華」。⑪ 醉仙翁生長在是阿芙蘿黛蒂與赫菲斯托斯親熱、沐浴的地方，所以賽普勒斯島與利姆諾斯島的兩位神祇的崇拜地盛開著醉仙翁。⑫ 阿波羅多洛斯《希臘神話》第三卷第 183 行以下、奧維德《變形記》第十卷第 522 行以下，及其他。⑬ Hans Dieter Betz, *The Greek magical papyri in translation, including the demotic spells*, PGM Ⅳ . 2891.

阿芙蘿黛蒂在希臘神話中的主要經歷

誕生	農耕神克洛諾斯用鐮刀割下了天空之神烏拉諾斯的陽具，丟人海中，那陽具在海中漂浮時，溢出白色的泡沫（精液），於是誕生了阿芙蘿黛蒂。
成年期	・**與赫菲斯托斯結婚，但是和阿瑞斯有姦情，並且在偷情時被赫菲斯托斯逮個正著**（參閱 116 頁）。 ・在競爭「天界最美的比賽中」壓倒希拉、雅典娜，取得勝利，種下特洛伊戰爭的禍根。
西元前十二世紀左右	**特洛伊戰爭** 站在特洛伊這一方，並讓軍神阿瑞斯倒戈，為特洛伊而戰。阿芙蘿黛蒂的手臂在戰爭中被英雄狄俄墨德斯刺中。特洛伊淪陷時，她的兒子埃涅阿斯逃離特洛伊，是後來羅馬的祖先。

※ 在織布比賽中輸給雅典娜，但在音樂比賽中贏了荷米斯。

主要崇拜地與具有特徵性的禮儀

賽普勒斯的帕福斯有阿芙蘿黛蒂的神廟

・帕福斯的神聖妓女儀式
在帕福斯，女性有一生必須和陌生男性發生一次性愛的義務。這是為了把豐收女神的恩澤分配給男性之故。坐在神廟中的女子，必須與第一個拿著錢幣來對自己說「以阿芙蘿黛蒂之名，希望妳和我作伴」的男子性交。但是，長得不好看的女子可能等了好幾天也沒有男子前來搭訕。

・一般認為阿芙蘿黛蒂喜歡以白色小羊為犧牲，不喜歡豬。

愛情的魅惑

古代希臘也有很多類似咒語巫術之類的咒術，尤其是單戀的人為了想得到愛情，往往會求助於愛情之神阿芙蘿黛蒂，使用咒術。例如……

・向阿芙蘿黛蒂之星（金星）求得愛情的魅惑
把白鴿的血、品質好的未乾燥沒藥、中亞苦蒿混合在一起，揉搓成塊，放在葡萄枝或木炭上，獻給金星，對著金星禮拜。另外，為了強化咒術的效果，可以同時供上禿鷹的腦漿，再取母驢或母牛下巴上的右上牙齒，用線綁在自己的左手上（據說這樣可以讓意中人愛上自己）⑬。

只要能和阿芙蘿黛蒂相愛就好

「任何男神看到阿芙蘿黛蒂，都想把她娶回家當老婆，長伴在身邊」、「就算她水性楊花也沒有關係[63]」等等，男神們一旦愛上了她，就無法自拔了。阿芙蘿黛蒂（維納斯）就是能讓諸神們神魂顛倒地愛戀（性愛）著的女神。

如上面所說的，**阿芙蘿黛蒂確實給人淫蕩的印象。**她擁有因為烏拉諾斯的陽具而誕生的神話，還有「喜歡陽具的阿芙蘿黛蒂」、「喜歡跨坐在男人身上的阿芙蘿黛蒂」的綽號，阿芙蘿黛蒂的神廟更有如「娼婦神廟」般，在神廟裡服務的女子們名為奉獻，實則招攬男客，可以說是高級妓女。妓女們把工作的道具（鏡子或化妝品等等，甚至是一般人忌諱的性具）供奉在她的神像前，而希臘語要表達「性愛」這個語意的字眼，便是「阿芙蘿黛蒂的事」。

可是，阿芙蘿黛蒂並非只有掌管與性有關元素的愛情女神。阿芙蘿黛蒂說過這樣的話：

[63] 阿芙蘿黛蒂與阿瑞斯私通時，被赫菲斯托斯捉姦在床，還被赫菲斯托斯的網子吊起來示眾。看著他們醜態的起鬨諸男神便說了那樣的話。

阿波羅說：「荷米斯，你覺得為了能和愛與美女神阿芙蘿黛蒂交歡，即使被那樣吊起來也無所謂嗎？」

荷米斯說：「當然！就算被三倍這樣的鎖鍊牢牢綑綁、被所有的女神們瞧不起，也想要和阿芙蘿黛蒂有一段情。」

這樣說的阿波羅與荷米斯大笑了（果然後來荷米斯也和阿芙蘿黛蒂有一段情）。

「神聖的天界對大地的迷戀幾乎要傷害了大地，

強烈地渴望與大地結婚，

急切到雨水從天而降，

大地的穀物與家畜因此得到了滋潤。

……讓大地能夠得到這樣幫助的神，就是我[64]。」

沒錯，**阿芙蘿黛蒂的力量除了能促成性愛外，還有更了不起的意義，她是可以和合萬物，讓不同的事物能夠結合的神。**

穿越時代的愛情女神

從古代希臘神話或歷史中的許多戀愛故事或風流韻事，就可以明白阿芙蘿黛蒂的能力強大到難以違抗。「**除了處女神以外，不管是神還是會死的凡人，沒有一個能逃出阿芙蘿黛蒂的愛情掌控。**」連阿芙蘿黛蒂自己都說：「因為我的誘惑與策略，每一位神都和凡人女性歡愛了，所有的神都逃不出

[64] 埃斯庫羅斯《達奈俄斯的女兒們》部分摘錄。

我的意志。」

另一方面，希臘諸神沒有一位神像她那樣長時間魅惑住人類。在基督教興起、希臘神話的眾神被排斥時，阿芙蘿黛蒂更被烙上「奧林帕斯邪神中最淫蕩的婦人」、「不講理、不祥者之母」的印記。然而，即使受到這樣強烈的批評與排斥，詩人們從來沒有停止歌頌她，畫家們也從來沒有停止畫她。喬叟歌頌道「維納斯的力量擴及天、地、海上、海中」，波提且利雕塑了《維納斯的誕生》，這些都是無人不曉的藝術創作。至於代表古代希臘美術的最高峰，便是《米洛的維納斯》[65]。

即使不是很熟悉所有的希臘神話，到了二十一世紀的現代，《米洛的維納斯》之美仍然動人心弦，**誰都知道那是深藏著愛的力量的雕像**。所以說阿芙蘿黛蒂不管在什麼時代，都永不停止地魅惑著人們。

從古代開始，幾千年來人們不斷在描述阿芙蘿黛蒂的魅力，但描述得最貼切的，或許仍然是古代希臘人的這句話吧！[66]

「何謂人生？何謂喜悅？沒有黃金般的阿芙蘿黛蒂，就什麼也沒有。」

[65] 巴黎羅浮宮收藏的藝術品中非常受歡迎的展覽品。

[66] 彌涅墨斯的詩（西元前七世紀）。

特集5

愛情女神的愛情事件

阿芙蘿黛蒂的戀愛故事非常多，其中和凡人男子安喀塞斯的故事也很有名。（以下摘錄《阿芙蘿黛蒂讚歌》的部分意譯。）

女神阿芙蘿黛蒂愛上了英雄安喀塞斯，直接跑到地面上的安喀塞斯家。不過，阿芙蘿黛蒂的美，讓安喀塞斯一眼便知道來者是女神。

「是哪位女神駕臨呢？我應該馬上設壇禮拜……」

「不，不，我不是神，我是會死的凡人。我只想和你共度夜晚，是為了成為你的妻子而來的。」

女神把愛慾之念灌輸給他，他也立刻被情愛之念俘虜，便說：

「宛若女神的女子呀！如果妳能永遠做我的妻子，我就算死去也不遺憾了。現在就讓我們相愛吧！不管是神還是人，誰也阻止不了我們了。」

於是兩人便上床纏綿了一夜。第二天早上，愛慾之火已經冷卻的女神叫醒還沉浸在幸福之夢的安喀塞斯。

阿芙蘿黛蒂：「起床！凡人！竟敢睡得如此安穩！不知道我是誰嗎？我看起來像凡人嗎？好好的想一想吧！」

安喀塞斯大驚，立刻從床上跳起來，惶恐地看到了女神的容貌。

安喀塞斯：「女神呀！一見面的時候，我不就問您『是哪位女神駕臨』嗎？當時您還說『我不是神，我是凡人』呀！」

「你說什麼？」

「啊！請求您呀！千萬不要把我去勢！據說和不死女神同床共枕的男人，是要失去精氣的……請千萬、千萬不要讓我變成那樣。」

「我不會那麼做的。只是，和凡人男子做愛，讓我自己覺得非常悲哀。這股悲哀的情緒讓我失常而口不擇言了。和會死的凡人交歡，又懷上了孩子……」

「啊……不……那個……，我們的交歡是您願意的……」

「凡人！說話要小心！如果有人問你孩子的母親是誰，你絕對不能說出我的名字。萬一你愚蠢地透露口風，說出和女神阿芙蘿黛蒂做愛的事，那就……你應該知道會怎麼樣吧！那麼，再見。」

——不管是現在還是以前，阿芙蘿黛蒂就是這麼的反覆無常[67]。

[67] 但後來安喀塞斯在喝醉的情況下，自豪地說了「我和阿芙蘿黛蒂做愛」的事，惹火了神，結果變成了瞎子。

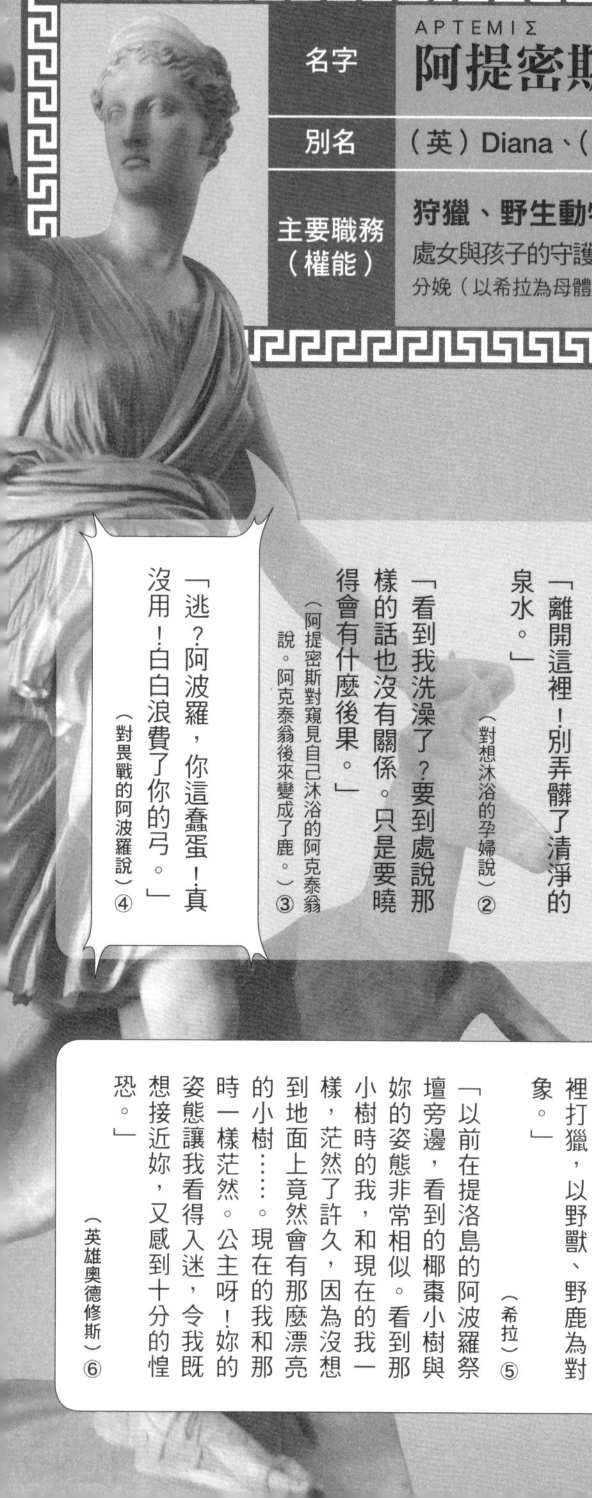

名字	ΑΡΤΕΜΙΣ **阿提密斯**　女性
別名	（英）Diana、（羅）黛安娜
主要職務（權能）	**狩獵、野生動物、自然、弓箭** 處女與孩子的守護神（後來是月亮女神） 分娩（以希拉為母體，阿提密斯守護孩子）。

阿提密斯名言

「我以父親宙斯的頭髮發誓，**我不嫁，永為處女之身，願在偏僻的眾山山頭狩獵。**」①

「離開這裡！別弄髒了清淨的泉水。」（對想沐浴的孕婦說）②

「看到我洗澡了？要到處說那樣的話也沒有關係。只是要曉得會有什麼後果。」（阿提密斯對窺見自己沐浴的阿克泰翁說。阿克泰翁後來變成了鹿。）③

「逃？阿波羅，你這蠢蛋！真沒用！白白浪費了你的弓。」（對畏戰的阿波羅說）④

周圍對阿提密斯的評價

「雖然妳隨身帶著弓箭，但說要和我較量的話，妳還是會害怕吧！與其和比自己力量強大者對戰，還不如去山裡打獵，以野獸、野鹿為對象。」（希拉）⑤

「以前在提洛島的阿波羅祭壇旁邊，看到的椰棗小樹與妳的姿態非常相似。看到那小樹時的我，和現在的我一樣，茫然了許久，因為沒想到地面上竟然會有那麼漂亮的小樹……。現在的我和那時一樣茫然。公主呀！妳的姿態讓我看得入迷，令我既想接近妳，又感到十分的惶恐。」（英雄奧德修斯）⑥

月亮女神——以前是童貞與處女的守護神，也是死神

阿提密斯的月亮女神之名令人印象深刻，但最初她是守護女子與童貞的處女神，是掌管女性死亡的山野女主人。讓母體在分娩時沒有痛苦地死亡，也是她的權限。

因為古代希臘是以成年男性為中心的社會，所以阿提密斯在希臘神話裡所佔的位置，並不是太重要。但是，阿提密斯仍然是不被視為社會一份子的婦孺們的守護神，她有時對女性殘暴，有時殺害野生動物，有時也會給男性社會重重的一擊。阿提密斯討厭男性，是阿波羅的雙胞胎姊姊。

外表

高䠷的金髮年輕處女神。總是背著弓箭的死神，這一點和雙胞胎弟弟阿波羅一樣。

●「漂亮、高䠷又有雙令人矚目的長腿，是英俊的阿波羅的姊姊，這位擅長射箭的女神阿提密斯。」⑦

●「（在眾女神中）個子與額頭比別人高的阿提密斯特別顯眼。」⑧

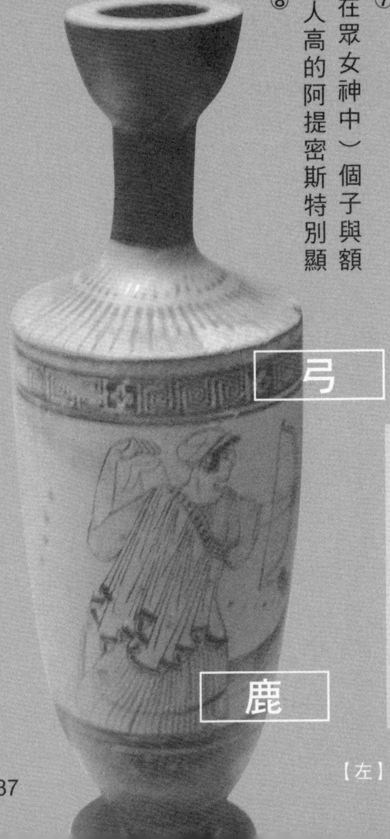

象徵、手持物（識別法）

黃金弓箭、狩獵用槍、短裙（及膝裙）、狩獵用長筒皮靴、火把、毛皮、豎琴、（後來還有月亮）。

【動物】鹿、熊、野豬、珍珠雞、鵪鶉、魚。

【植物】柏樹、核桃、莧菜、棕櫚（棕櫚樹）、月桂樹。

【左】狩獵中的阿提密斯。　【右】阿提密斯與母鹿。

<table>
<tr><td rowspan="3">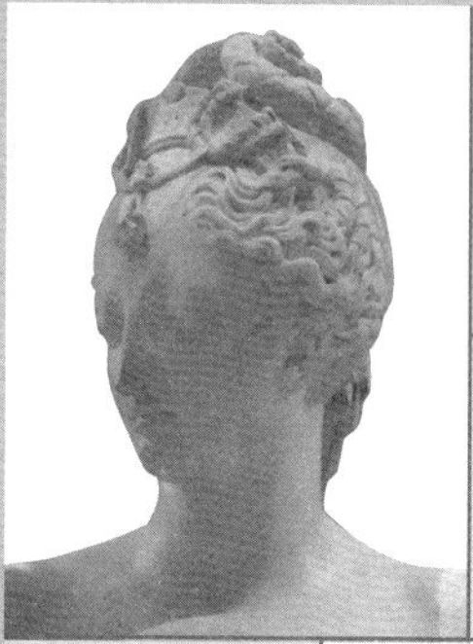</td><td>出生日</td><td>Thargelion 月（5 月～6 月）第 6 日。</td></tr>
<tr><td>出生地</td><td>西西里的奧提伽島／提洛島。</td></tr>
<tr><td>家族構成</td><td>父／宙斯
母／勒托
弟／阿波羅（也有說他們不是雙胞胎姊弟，而是夫婦）⑨</td></tr>
<tr><td>外號</td><td colspan="2">黑加得布洛斯（神射者）、克留塞拉卡托斯（金箭神）、塞拉斯弗洛斯（光明神）、引洛梅拉格斯（愛少女的神）、歐爾西洛吉亞（助產神）等等。</td></tr>
<tr><td>女性關係</td><td colspan="2">—</td></tr>
<tr><td>男性關係</td><td colspan="2">她是處女神
但多少也和某些男性產生一些關聯。除了下面提到兩位外，還有其他。

・俄里翁
獵人俄里翁想追求阿提密斯，在挑戰擲圓盤時被阿提密斯殺死。但古羅馬的版本則是：阿波羅嫉妒俄里翁與阿提密斯相戀，當他們決定在一起時，憤怒的阿波羅便施計讓阿提密斯殺死俄里翁。⑩

・河神阿爾甫斯
阿爾甫斯愛上了阿提密斯，雖然百般勸說，希望阿提密斯能嫁給他，但阿提密斯是不可能結婚的。偏偏阿爾甫斯不死心，更進一步侵犯阿提密斯，於是阿提密斯便和圍繞在自己周圍的寧芙仙子們用泥巴塗臉，讓阿爾甫斯認不出哪一個是她，然後趁機逃走。不過，在奧林帕斯，阿提密斯和阿爾甫斯是一起被奉祀的。⑪</td></tr>
</table>

① 阿爾卡埃烏斯《阿提密斯讚歌》部分片段。② 奧維德《變形記》第二卷第 463 行以下。③ 奧維德《變形記》第三卷第 138 行以下。④ 荷馬《伊利亞德》第二十一歌第 470 行。⑤ 之後，阿提密斯因為被希拉打耳光，便哭著離開戰場，宙斯讓她坐在自己的膝蓋上安慰她。荷馬《伊利亞德》第二十一歌第 479 行以下。⑥ 這是英雄奧德修斯對凡人少女瑙西卡說的話。奧德修斯把瑙西卡比擬為阿提密斯。荷馬《奧德賽》第六歌第 149 行以下。⑦《荷馬的諸神讚歌》「阿波羅讚歌」（讚歌第三號）第 197 行以下。⑧ 荷馬《奧德賽》第六歌第 102 行。⑨ 厄斯塔吉斯（Eustathius）對《伊利亞德》的古註。⑩ 荷馬《奧德賽》第五歌第 119 行以下，Pseudo-Hyginus, *Astronomica* 2. 26，及其他。⑪ 保薩尼亞斯《希臘志》第六卷第二十二章第 8 節。⑫ 一般認為阿提密斯被寫成柔弱女神的神話（在《伊利亞德》中）成立之時，阿提密斯的崇拜尚未大興起。

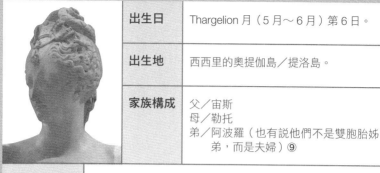

阿提密斯在希臘神話中的主要經歷

誕生	母親勒托因為希拉的嫉妒與阻撓，一直找不到可以分娩的地方，最後終於在西西里的奧提伽浮島上生下阿提密斯。
誕生的翌日	幫助難產的勒托生下阿波羅。
三歲	不斷向父親要求要去冒險（參閱 140 頁）。
成年期	・因為母神勒托被凡人女子尼俄伯的羞辱（尼俄伯對勒托說：「我生了十二個孩子，而妳只生了阿波羅與阿提密斯兩個孩子。」），便和弟弟阿波羅殺死了尼俄伯的十二個孩子。
西元前十二世紀左右	**特洛伊戰爭** 和阿波羅一樣是特洛伊這一方的助力，但因遭希拉打耳光而離開戰場。⑫

主要崇拜地與具有特徵性的禮儀

阿提密斯的神廟大多設立在自然的森林與城市的邊界上（有「從這裡開始就是阿提密斯的領域」之意）。

・生日蛋糕的創始
因為阿提密斯是分娩女神，為了感謝阿提密斯，所以在生日當天以充滿謝意的蠟燭圍繞蛋糕，到神廟獻給女神。

・布勞朗神殿的「熊巫女」
以五歲到十歲還沒有來月經的女孩為祭祀時的巫女，這些巫女被稱為「熊」。穿著黃色衣服的熊巫女，工作便是跳舞、比賽和製作供物。

・人體犧牲
古時候奉祀阿提密斯時確實有活人獻祭的情況，但活人獻祭之事現在名存實亡，只是用劍刺中男性的喉嚨，讓作為犧牲的男性流血就行，不至於死。

以弗所的阿提密斯像擁有許多乳房。

以弗所的阿提密斯大神廟

在希臘，阿提密斯是處女神，但在土耳其以弗所的阿提密斯神像卻有許多乳房，因為阿提密斯是豐收女神。每個地區對女神的解釋似乎有著一百八十度完全不同的想法。

阿提密斯的十個願望

如同「金箭阿提密斯、銀弓阿波羅」所示意的，**阿提密斯與阿波羅是一對雙胞胎天神，比阿波羅早一天出生的阿提密斯是姊姊**[68]。**不同於阿波羅缺少照顧的放任成長方式，作為姊姊的阿提密斯受到了相當多照顧與宙斯的疼愛。**

有一次，宙斯抱著三歲的阿提密斯，讓她坐在自己膝蓋上，開口問她：

「呵呵，我可愛的阿提密斯，妳想要什麼呢？要什麼都買給妳。」

阿提密斯的回答如下（以下摘錄自《卡利馬科斯詩》的意譯）：

「爸爸，我想要：

1. 我永遠是處女。
2. 比弟弟阿波羅有更多的名字（讚美之名）。

[68] 分娩女神阿提密斯出生不久，就幫難產中的母親生產，接生了雙胞胎弟弟阿波羅。因為母親難產，所以費了不少時間才生下阿波羅，阿提密斯與阿波羅的生日因此也差了一天。

緊握著提洛島的棕櫚樹，努力要生下阿波羅的勒托。阿提密斯則在正面守護弟弟出生。

3. 和阿波羅同樣的弓箭。
4. 成為和阿波羅那般能帶來光芒的神。
5. 想穿下襬有刺繡的短裙子。
6. 賦予我有狩獵野生動物的權利。
7. 我想要六十個可以陪我跳舞的女孩子，她們全部都要是九歲童貞女。
8. 我還要二十名侍女。沒有出去狩獵時，需有人清潔我的狩獵長靴和照顧我的獵犬。
9. 給我希臘所有的山。
10. 最後，我還想要一座爸爸推薦的城市。大部分的時候我要住在山裡，只有在幫助即將分娩的女子時，才會進城。」

——如果是一般父母，聽到這麼多的要求，大概會說「只能要一個」，但聽到阿提密斯這麼多要求後，宙斯笑著說：

「我的女兒真可愛。沒問題，全部都答應妳。只要一座城市就好了嗎?要多一點也沒有關係。別說一座城市,三十座城市也給妳。還有,不只山,我也讓妳成為道路與港口的守護神。」

——這樣溺愛孩子的話,以後會後悔的呀!真想這麼告訴宙斯。不過,現在就開始來看這位喜愛在森林裡奔跑、狩獵動物,既是守護兒童與分娩婦女的處女神,也是希臘神祇中像野丫頭似的阿提密斯的冒險故事吧!

阿提密斯的大冒險

阿提密斯很快地選了二十名侍女與六十名合唱團少女,然後去鍛造之神赫菲斯托斯的鍛造坊。那時鍛造坊裡的獨眼巨人族鐵匠們正忙著為波塞頓的馬打造新的草料桶。

阿提密斯說：「你們的主人說要送我生日禮物，我想要什麼就做什麼給我。馬上做給我吧！」

可愛的阿提密斯來到滿是男人汗臭味的鍛造坊，坊內的巨人族鐵匠們都很興奮，其中一位獨眼巨人把阿提密斯抱坐在自己的膝蓋上。但阿提密斯是處女神，男性獨眼巨人的擁抱讓她非常不舒服，於是她拔了那個獨眼巨人的胸毛[69]，發著脾氣說：「給我聽著！現在不是打造什麼草料桶的時候，馬上為我打造弓箭與箭筒，要跟阿波羅的一模一樣。」

在阿提密斯的任性撒野下，她很快就拿到想要的弓箭，開心地回到山野之中，然後放獵犬去追逐有長角的牝鹿，捉牝鹿為自己拉車。她駕著鹿車在整個希臘狂飆一大圈後，才回到奧林帕斯。

一回到奧林帕斯，眾神們便搶著與她坐在一起，紛紛說「來坐我旁邊吧」、「坐這邊吧」。但阿提密斯順理成章地走到雙胞胎弟弟──阿波羅的旁邊，坐了下來。

那時阿波羅的心裡或許正在想「再怎麼撒野，也要有分寸吧……」

[69] 他的名字叫勃朗特，他被阿提密斯拔胸毛的地方，至死都沒有再長出胸毛。不知這個神話存在的意義為何，可能卡利馬科斯只是想開個玩笑。

阿提密斯的光芒不如阿波羅嗎？

在以男性為中心的古代希臘，阿提密斯並不被視為重要的神。**她是處女神，但她和雅典娜不一樣，她的存在對男性幾乎沒有助益。**她是幼兒、少女或童貞少年的保護神，但在古代希望受她保護的人都不算是正式的社會一員，故可謂是偏離文明社會的未開化的野生之神。

因為如此，**她的神廟也大都設在有人住的城市與未開化自然的交界處**，表示「從這裡開始是阿提密斯的領域，不是人類住的地方」。於是，當男性進入她的領域，想要掠奪森林裡的動物或處女、少女時，她就會毫不留情地反擊。

又，雖然阿提密斯是「阿波羅的雙胞胎姊姊」[70]，經常被與阿波羅相提並論，但阿波羅為中心的神話故事卻比阿提密斯的神話多出很多。不過，阿提密斯的神格其實高於阿波羅（在神話裡，阿提密斯比阿波羅更早出生；阿提密斯象徵的是野性與女性，而阿波羅象徵的是文明與男性，這

[70]「妳只生了阿波羅與阿提密斯兩個孩子，但我生了十二個了不起的孩子。」凡人女子尼俄伯發出了如此傲慢的語言，導致她的十二個孩子全部被殺。十二個孩子中的男性死於阿波羅的箭下，女性死於阿提密斯的箭下。

阿提密斯的家族肖像。母親勒托（中間），弟弟阿波羅（在母親左側），阿提密斯（在母親的右側）。

也說明了「先有自然，文明才從自然之中誕生」的鐵則）。儘管隨著時代的前進，風水輪流轉，像是以阿波羅誕生聖地聞名的提洛島原本是阿提密斯的聖地，而古代世界最巨大壯麗的以弗所神廟[71]，也是阿提密斯的神廟。

如今阿提密斯以「月亮女神」之姿，成為講述「太陽神」阿波羅的陪襯神祇。其實，「月亮女神」是後世才添加附會的。**阿提密斯不是靠著阿波羅的光芒，才有光芒的神，她是光芒原本就不亞於阿波羅的女神**。就像「金箭阿提密斯、銀弓阿波羅」這句話所表達的，阿提密斯是比阿波羅更早存在的偉大女神。

[71] 以弗所的阿提密斯神廟是世界七大不可思議之一。這座神廟在亞歷山大大帝出生那天被大火燒毀，於是古代人便傳說：分娩女神阿提密斯為了讓亞歷山大大帝順利出生，難怪來不及去自己的神廟救火。

名字	ΕΡΜΗΣ **荷米斯** 男性
別名	（英）Mercurius、（羅）墨丘利
主要職務（權能）	**傳令、旅行者、交涉、發明①、財富、運氣**、買賣、賭博、畜牧、占卜、詐欺、冥界引導、魔術（後來的鍊金術）、小偷的守護神等等。

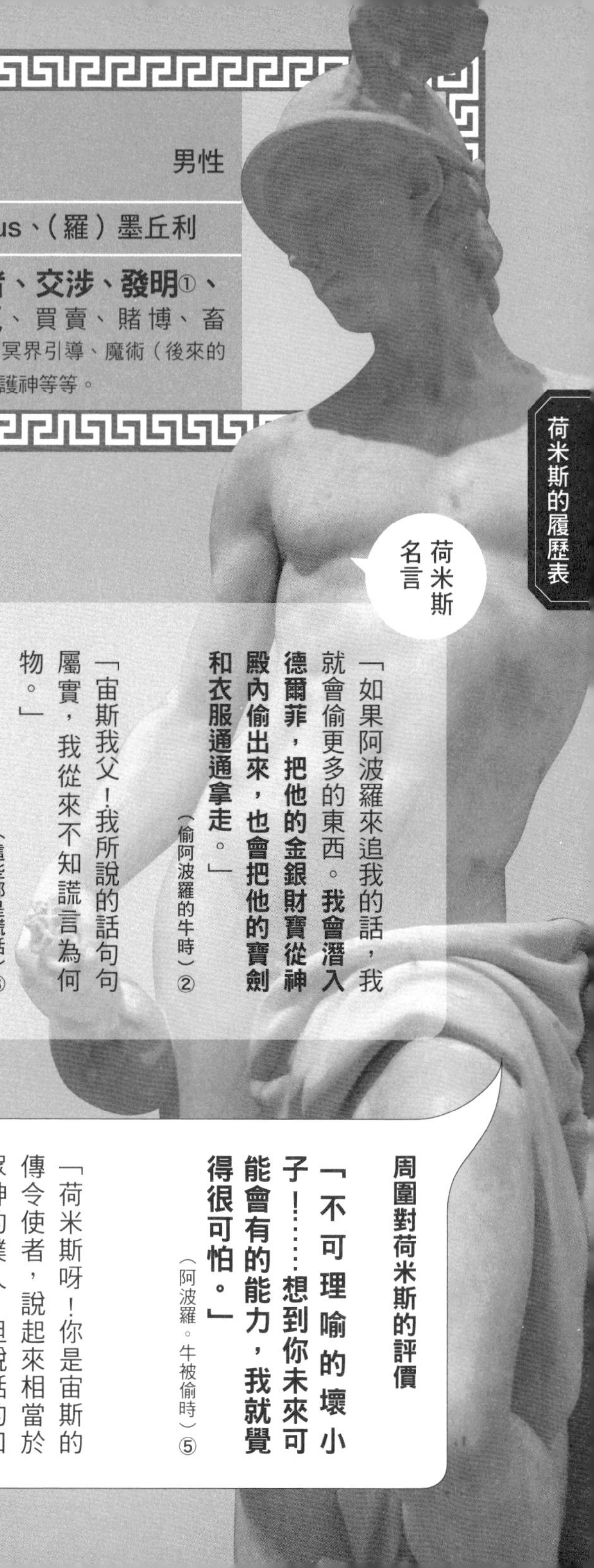

荷米斯名言

「如果阿波羅來追我的話，我就會偷更多的東西。**我會潛入德爾菲，把他的金銀財寶從神殿內偷出來，也會把他的寶劍和衣服通通拿走。**」（偷阿波羅的牛時）②

「宙斯我父！我所說的話句句屬實，我從來不知謊言為何物。」（這些都是謊話）③

「我是傳遞父親宙斯命令的天行者……，但今天我的目的不是為了傳達父親的命令，我的目的是她。我愛著她，請幫助我吧！」（對赫耳塞的姊姊說）④

周圍對荷米斯的評價

「不可理喻的壞小子！……想到你未來可能會有的能力，我就覺得很可怕。」（阿波羅。牛被偷時）⑤

「荷米斯呀！你是宙斯的傳令使者，說起來相當於眾神的僕人，但說話的口氣卻這麼大。你是孩子嗎？沒有比你更愛辯論的男人了。別期待可以從我這裡聽到什麼。」（普羅米修斯。與荷米斯辯論時）⑥

是貴族之間的忠實傳令者，也是庶民的「騙子與小偷」之神

荷米斯是庶民們心中的理想型。也就是說，在古代希臘的貴族層或庶民層裡，事實上都不存在像荷米斯這一類型的人或神。在貴族層裡，荷米斯是老實的傳令使者，但在庶民層裡，荷米斯是擅長欺騙、教唆貴族層的商人，以及狡猾、聰明的騙子，是商人、騙子、盜賊之神。

荷米斯的雙蛇杖（傳令杖）。傳令者荷米斯手上拿的杖，有了這傳令杖就可以通行到各地，更可以從天界暢行無阻地前往冥界。不過，後來雙蛇杖也成為鍊金術的象徵。

傳令杖

外表
有著適合當傳令使身材的金髮少年。
他的外表是眾神當中最年輕的，但有時也會以鬍子大叔的形象出現。

●「全身發亮的美少年……裸身的左臂上披掛著斗篷，金色頭髮吸引了所有人的目光。」⑦

●「荷米斯毫無裝扮就來到地面，他對自己樣貌有著十足的信心。」⑧

旅行帽

涼鞋

象徵、手持物（識別法）

傳令杖（荷米斯之杖／雙蛇杖，杖上有兩條蛇纏繞的手杖）、帶翼涼鞋、旅行帽（有時帽子上有翅膀）、背著綿羊、旅行用斗篷錢袋、笛子、數字「4」⑨、水星。

【動物】烏龜、鶴、鷹、野兔、山羊、綿羊、公雞。

【植物】番紅花、覆盆子、無花果、核桃、黃瓜。

【左】引導馬車的荷米斯。　【右】拿著錢袋子的荷米斯像。

出生日	每個月的第 4 日。在阿爾戈斯市，第四個月是荷米斯月。
出生地	阿卡迪亞的昔蘭尼山。
家族構成	父／宙斯 母／邁亞 妻／無（但也有他和女神沛多結婚的說法）⑩ 有名的兒子／牧神潘
外號	**阿耳蓋風忒斯（阿爾戈斯的殺手）、普休哥邦波斯（引魂者）、**帝阿克托洛斯（傳令者）、克留索拉比斯（持黃金手杖者）、波尼歐梅歐斯（忙碌者）、梅卡尼歐特斯（騙子）等等。
女性關係	**數不清** ・奇奧妮。和阿波羅同時愛上奇奧妮，也都和她有一段情。⑪ ・赫耳塞。荷米斯和赫耳爾的姊姊請求，說「請撮合我和赫耳塞吧」，結果被要求大批錢財，只好死心離開。⑫ ・芭萊斯托拉。荷米斯從她那裡偷來了現在我們稱為「創意」的東西，遭到她兄弟的報復，被砍殺後丟下昔蘭尼山。支離破碎的荷米斯遭丟下山的樣子，被雕塑成「荷米斯柱」（方形胸像的由來），成為人們奉祀的對象。⑬ 還有阿芙蘿黛蒂等多人。
男性關係	・克洛戈斯（不幸被荷米斯失手丟出去的圓盤擊中而死，死後變成番紅花）。

主要崇拜地與具有特徵性的禮儀

荷米斯沒有大神廟，奉祀他的地方有時候位於洞窟中，有時在市集裡、競技場中、十字路口或房子裡。奉祀荷米斯者以庶民居多，獻給荷米斯的物品則大多是蜂蜜、蛋糕、無花果、豬、山羊等等。因為荷米斯是旅人的守護者，所以有些路邊有「荷米斯柱」，其作用就像日本路邊的地藏菩薩。⑮

・簡單的荷米斯神諭

供奉一枚硬幣在荷米斯像前，小聲把你的問題說給神聽，然後摀著耳朵走到街上廣場，放下摀著耳朵的手後聽到的第一句話，就是荷米斯給的答覆。和阿波羅的神諭（參閱 68 頁）比起來，荷米斯的神諭確實簡單又庶民化。⑯

・古雅典市祭祖節第三天，除了引導亡魂的神荷米斯外，禁止供奉犧牲給其他奧林帕斯的神。

荷米斯在希臘神話中的主要經歷

幼兒期	・**出生的當晚便偷走阿波羅的五十頭牛**，但後來和阿波羅成為好朋友（參閱 150 頁）。
少年期	・奉宙斯之命去殺百眼怪獸阿耳戈斯（因此荷米斯也有「阿耳戈斯殺手的名號）。 ・保護剛出生的戴歐尼修斯免遭希拉的迫害。⑰ ・荷米斯的兒子牧神潘出生。潘以半人半獸的姿態出世，荷米斯還帶著潘到處炫耀給眾神看，說「快看快看，我的兒子很有趣吧」。對有趣事物特別感興趣的戴歐尼修斯很喜歡潘，常常和潘在一起。 ・宙斯敗給怪物堤豐，腳被砍斷時，是荷米斯去把腳偷回來，救了宙斯。 ・救了被關在青銅甕中十三個月的阿瑞斯。
西元前十二世紀左右	**特洛伊戰爭** 站在希臘這一方。但是在與勒托（阿波羅與阿提密斯的母親）作戰時，因為尊重勒托而退出戰場。

※ 在宙斯的命令下保護英雄。

① 數字、骰子、度量衡、交易等等。狄奧多羅斯《歷史叢書》第五卷第七十五章第 2 節。②《荷馬的諸神讚歌》「荷米斯讚歌」（讚歌第四號）第 176 行以下。③《荷馬的諸神讚歌》「荷米斯讚歌」（讚歌第四號）第 368 行以下。④ 奧維德《變形記》第二卷第 744 行以下。⑤《荷馬的諸神讚歌》「荷米斯讚歌」（讚歌第四號）第 405 行以下。⑥ 埃斯庫羅斯《普羅米修斯之縛》第 940 行以下。⑦ Apuleius, The Golden Ass 10 30 ff.。⑧ 奧維德《變形記》第二卷第 728 行以下。⑨ 4 是古代希臘的幸運數字。⑩ Nonnus.*Dionysiace* 8.220 ff 。⑪ 許癸奴斯《希臘神話集》201 節。⑫ 奧維德《變形記》第二卷第 707 行以下。⑬ *Serviu on Aeneid*, 8. 138. ⑭ Galenus, *De constitutione artis medicase*, 9. 4. ⑯ 保薩尼亞斯《希臘志》第七卷第二十二章第 2 節以下。

▶ ⑮ 荷米斯柱。在古代希臘，荷米斯柱就像日本的地藏菩薩，常被放置在路旁。鬍面荷米斯頭像的四角形石柱，有勃起的男性生殖器。

◀ ⑰ 哄著戴歐尼修斯的荷米斯。

真實與虛假，睿智與狡詐

有一次，希臘神話史上發生了鉅額竊盜案。

阿波羅：「啊……我的牛哪裡去了！不見了！我養的五十頭牛不見了！我的牛被偷了！」

光明之神阿波羅養在地面上的五十頭牛全被偷走了。阿波羅當然很生氣，準備沿著小偷的足跡去捉小偷。但是……很奇怪的，別說是小偷的腳印，地面上連牛的腳印也沒有。

阿波羅：「到底是哪個傢伙偷走了我的牛？連能看穿所有真相的我，竟也看不到任何蛛絲馬跡……沒聽說過哪一位神有這種本事！那小偷一旦被我逮到，我會讓他後悔自己出生。」

偷走阿波羅牛隻的人，正是今天剛剛出生，掌管欺騙、竊盜、買賣的庶人之友兼宙斯的傳令使者荷米斯[72]。

那麼，荷米斯是如何讓牛的腳印消失的呢？原來荷米斯臨時編了大草

[72] 荷米斯的生日是每月4日。4是荷米斯的關係數字，在古代希臘來說，就是幸運數字。阿波羅與荷米斯有以下的對比：真實之神vs詐欺之神、聰明睿智之神vs精明狡猾之神、貴族代表之神vs庶民代表之神

鞋給牛穿，穿了草鞋的牛所留下的腳印，當然看不出是牛腳印。荷米斯乃發明之神[73]，雖是剛出生的奶娃，就發揮了不起的天分。

荷米斯的「偽裝術」騙過了阿波羅，讓阿波羅從希臘西端的皮洛士，找到東端的波伊俄提亞，陷入三百公里範圍內尋不著自個兒牛的窘境。

當阿波羅在整個希臘境內找牛的時候，荷米斯已經完美地湮滅偷牛的行跡，於天亮之前回到母親的住處，沒有打開自己房間的外鎖，就溜進房間裡面……好像整個晚上都在房間裡一樣。換句話說，他給自己製造了不在場證明。

完成了偷竊行為的荷米斯，對發現自己犯罪而擔心不已的母親，說了以下的話。

荷米斯：「母親大人，請不必擔心。請您等著看吧！我一定會讓自己成為跟阿波羅一樣受般崇拜的神，成為富裕多金又擁有肥沃土地的神。在眾神之中，只有我們沒有受到崇拜、沒有供物，並且住在這麼寒酸的洞窟屋[74]。這實在太奇怪了。……如果阿波羅追來的話……，不過，應該不可

[73] 豎琴、字母。數字、骰子、度量衡等等，都是荷米斯的發明。

[74] 荷米斯出生的昔蘭尼山洞窟位於阿卡迪亞。阿卡迪亞是被眾山圍繞的偏僻地方。

能發生那種情形。萬一真發生了，我會偷更多的東西，會溜進他的神廟，把他的金銀財寶、武器、衣服全部偷走。」

然而荷米斯還是有所失誤——他忘記阿波羅是預言與占卜之神。荷米斯儘管能湮滅所有的證據，但阿波羅靠看到在天空飛的鳥（鳥占卜是從鳥的飛行方式來預知吉凶的占卜），直覺地知道偷牛者就是荷米斯。

阿波羅：「根據占卜，我看到了……小偷就是荷米斯！在我的占卜面前，所有的小把戲都毫無意義。」

於是，阿波羅跑去荷米斯住的地方。

阿波羅：「被我找到了吧！喂！在搖籃裡睡覺的小娃娃！快說，我的牛現在在哪裡？你的回答將決定你會不會被送到地獄的底層。」

看來荷米斯的下場會很悲慘了……。但是，面對危機的荷米斯仍然發揮了他擅長騙人、雄辯之神的本領。

荷米斯：「……阿波羅大人，您看看我，我只是一個剛剛出生的奶娃。您說一個奶娃能夠偷得了您的牛嗎？您知道自己說出何等愚蠢的話了嗎？」

「我是只說真實情況的神。你就是偷走我的牛的小偷。這是毫無疑問的事實。」

「為了堅持自己的言論是正確的，淨欺負我一個小奶娃，您覺得這樣好嗎？」

「你確實偷走了我的牛。這是事實。」

「眾神裡面脾氣最急躁的神呀！請您冷靜一下吧！您這是在欺負小孩呀！」

荷米斯以狡辯對抗事實的行為，讓阿波羅大感無奈。

阿波羅：「給我住口！你這個奸詐的小鬼！跟我走。」

阿波羅說著，一把抓起搖籃裡的荷米斯，但荷米斯立刻對阿波羅打噴嚏和放屁[75]。

阿波羅沒料到荷米斯會這麼做，他嚇了一跳，雙手一鬆，荷米斯便往地面落下。荷米斯準備趁隙逃走……。反覆了數次的抓、逃過程後，阿波

[75] 對對手打噴嚏、放屁，有使用「髒東西」來詛咒對方的用意。而古代希臘人看到不吉利的東西時，就會向著自己的胸口吐三次口水。

羅終於一手牢牢抓緊荷米斯，並為荷米斯的無力感到可笑。但荷米斯另有手段。

荷米斯：「我要控告你。我們去宙斯大人的法庭吧！阿波羅呀，如果你無論如何都要加罪於我，那麼就由宙斯大人來判斷到底是你正確，還是我無辜吧！」

於是，兩人來到宙斯的處所，在父神宙斯面前分別陳述自己的意見。阿波羅是傳達真實的神，表示自己所說的話全屬事實。但是荷米斯卻不斷強調自己被阿波羅威脅，說阿波羅沒有任何證據，竟強咬定自己是小偷，最後還像演戲一樣，悲傷地流著眼淚，說：「眾神呀！我不像阿波羅，不是一出生就是有力氣的神。我年紀小，又沒有力氣，只能請求各位的幫助⋯⋯」

看到兩個兒子的幼稚爭吵，宙斯忍不住哈哈大笑了。

宙斯：「太有趣了！我的兩個兒子都太有趣了。不過，你們兩個必須馬上停止這無聊的吵架。阿波羅不要對年幼的人粗暴。荷米斯立刻告訴阿波羅牛在哪裡。」

宙斯誰也不處罰，只是狂笑著做出上述的判決。偏偏阿波羅並不滿意這樣的判決，在知道荷米斯已經把自己的五十頭牛全部屠宰了後，更是氣憤不已。

可是，阿波羅的視線在這個時候被一個從沒有見過的東西吸引了，那是一個用牛腸與烏龜甲殼製作出來的樂器[76]。

阿波羅：「喂，那是什麼？」

荷米斯：「這是『豎琴』，是我昨天發明的玩意兒。你要不要聽我彈奏一曲？」

荷米斯說著便一邊彈琴，一邊唱起來。那是以前從來不曾聽過的美妙聲音，深深地打動了阿波羅的心。

阿波羅：「多麼令人驚奇的聲音呀！荷米斯。連掌管音樂的我，也無法弄出這麼迷人的聲音。這個琴聲實在太美了，可以讓人忘卻憂愁的聲音。多麼美的歌呀！和這麼美妙的聲音比起來，五十頭牛算什麼呢？不

[76] 古代希臘的豎琴以烏龜的甲殼為主體，以牛腸為絃。還有，在希臘神話中，荷米斯做的豎琴有四條弦，但後來阿波羅把四弦改為七弦（荷米斯的聖數是4，阿波羅的聖數是7）。

過，你可以把這個樂器給我嗎？你的能力遠遠超過牛的價值。」

荷米斯：「我的能力第一次被肯定了……我的朋友呀！」

看到原本吵翻天的荷米斯與阿波羅，半天後抱著豎琴一起返回奧林帕斯的友愛模樣[77]，宙斯也開心得哈哈大笑了。

為什麼傳令之神也是小偷之神？

以上是摘錄自《荷米斯讚歌》的神話故事。這段神話裡特別引人注意的是阿波羅貴族性的強大力量（權力），與之相對的荷米斯則身懷小聰明與技術。

荷米斯是能夠體現古代希臘庶民理想的神，掌管著傳令（聽從有權力的人）、旅行、交涉、發明、致富、幸運[78]、買賣、偷盜[79]、賭博、狡黠、畜牧、運動競技、冥界引導、魔術、教育等等庶民所需要的能力。

[77] 抱著豎琴的阿波羅。前面是荷米斯。

[78] 古代希臘認為掉在地上的錢包或財物，是荷米斯的賞賜，所以撿到東西是「荷米斯的東西」。

[79] 古代希臘的鄉下地方偷牛不會被判罪，很多時候甚至被認為是一種功勞。

現存的希臘神話大多是貴族層的故事，荷米斯在那些故事裡多半以順從宙斯或其他神的傳令神之姿出現。對貴族層而言，庶民是默默服從的配角，不是故事的主角。

但是，這裡的《荷米斯讚歌》藉著荷米斯之姿，生動地敘述了庶民的故事。**面對貴族般的阿波羅，他也不畏縮屈從，並以不輸給力量（權力）的機智與貴族對抗，成功地扭轉了庶民的劣勢，還明白地說出象徵阿波羅的豎琴與音樂，原來來自庶民的發明。**正因為如此，所以古代希臘庶民的理想形象是荷米斯。[80]

[80] 希臘神話中的傳令神除了荷米斯外，還有伊麗絲（彩虹女神）。不過伊麗絲與荷米斯不一樣，她是有貴族色彩的傳令神，不具庶民性的職能。伊麗絲可以說是希拉的侍女，主要工作是為最高天神宙斯與希拉夫婦整理床鋪。

傳令神伊麗絲。

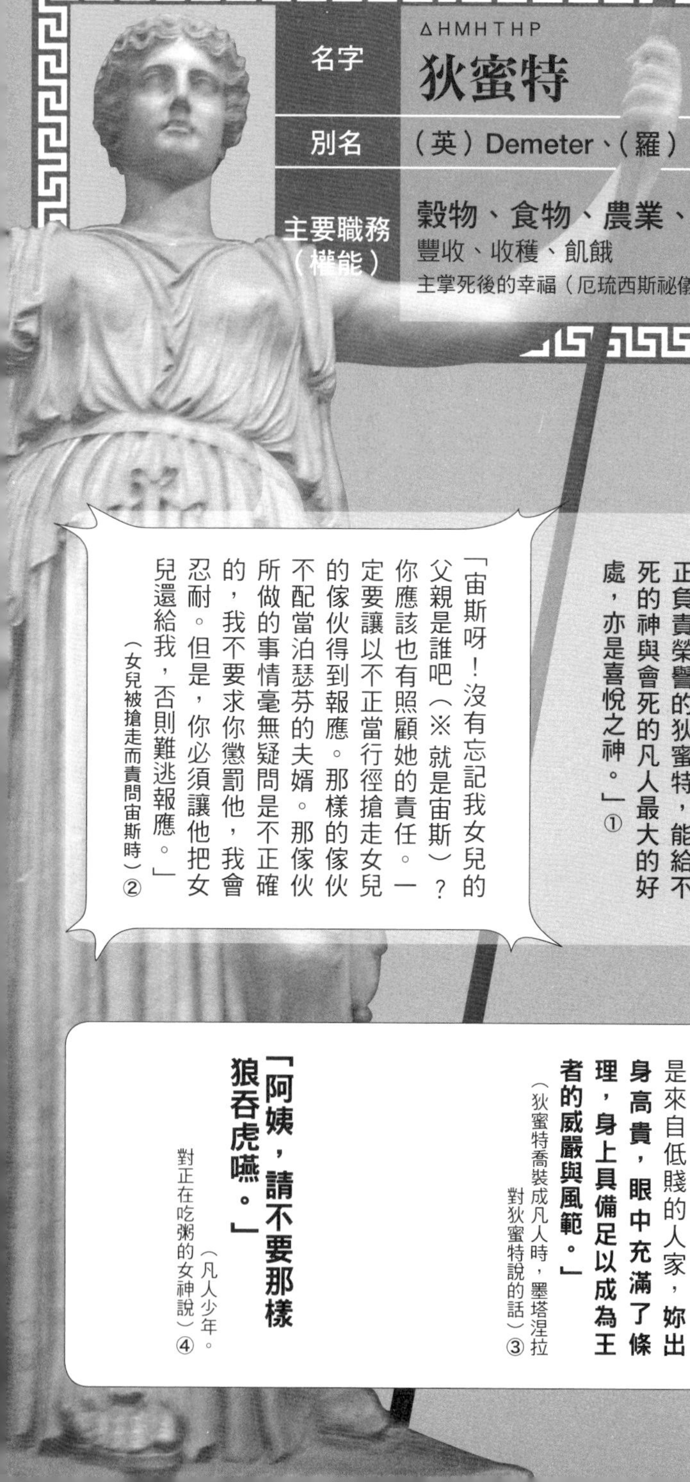

名字	ΔΗΜΗΤΗΡ **狄蜜特**	女性
別名	（英）Demeter、（羅）刻瑞斯	
主要職務（權能）	**穀物、食物、農業、** 豐收、收穫、飢餓 主掌死後的幸福（厄琉西斯祕儀）。	

狄蜜特名言

「凡人們無知又缺少思慮，也無法預知命運。……我才是真正負責榮譽的狄蜜特，能給不死的神與會死的凡人最大的好處，亦是喜悅之神。」①

「宙斯呀！沒有忘記我女兒的父親是誰吧（※就是宙斯）？你應該也有照顧她的責任。一定要讓以不正當行徑搶走女兒的傢伙得到報應。那樣的傢伙不配當泊瑟芬的夫婿。那傢伙所做的事情毫無疑問是不正確的，我不要求你懲罰他，我會忍耐。但是，你必須讓他把女兒還給我，否則難逃報應。」

（女兒被搶走而責問宙斯時）②

周圍對狄蜜特的評價

「女人呀！開心吧？妳不是來自低賤的人家，**妳出身高貴，眼中充滿了條理，身上具備足以成為王者的威嚴與風範。」**

（狄蜜特喬裝成凡人時，墨塔涅拉對狄蜜特說的話）③

「阿姨，請不要那樣狼吞虎嚥。」

（凡人少年。對正在吃粥的女神說）④

掌握凡人與天神胃囊及世界存亡，散發母性光輝的穀物女神

充滿母性的豐收女神雖然性情溫柔優雅，但是生氣的時候誰都會害怕。

當愛女被冥王黑帝斯劫走時，全世界陷入饑荒而面臨毀滅。

「地面上所有的植物都停止生長，管他是凡人還是天神，都餓死吧！」憤怒的狄蜜特發下如此狠話（參閱163頁）。

平時溫柔優雅的女神一旦生起氣來，不管是凡人還是天神都得低頭認輸，畢竟這位是捏緊了全世界胃囊的女神。

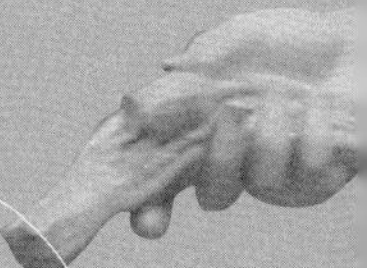

外表　表情平和穩定的金髮女神。

●「女神的長袍散發出令人愉快的芳香，不死的肌膚光芒遠射，及肩的金色長髮如波浪般起伏。」⑤

●「女神坐下來，拉開覆在臉上的面紗，悲憤不已地坐在椅子上，久久不發一語……她因為思念鍾愛的女兒而日漸消瘦。」⑥

象徵、手持物（識別法）

麥穗、麥穗冠、豐裕之角（食物與豐饒的象徵）、稀有的黃金劍。

【植物】大麥、小麥、薄荷、罌粟。

【動物】蛇、斑鳩、豬、馬。

【左】狄蜜特（左）與站在她前方的泊瑟芬（右）。
【右】拿著權杖與麥穗的狄蜜特像。

出生日	不明。
出生地	不明。
家族構成	父／克洛諾斯 母／瑞亞 女兒／【長女】泊瑟芬（科瑞）(與宙斯生的女兒)。 【次女】○○○○。與波塞頓生的女兒，是泊瑟芬的妹妹。本名是禁忌，一般稱她為蒂斯波伊納（女主人），只有加入祕儀的信徒才能說她的本名，所以不在此提及。⑦
外號	**阿尼西朵拉（帶來恩澤者）**、梅格拉．梅特爾（偉大的母親）、庫洛耶（綠色之神）、蒂斯波伊納（女主人）、卡利斯美洛斯（美踝者）、克桑忒（金髮者）、忒斯摩福拉斯（帶來法律的手）、阿加尼貝（不容情者）、丘阿諾佩普洛斯（黑衣者）⑧等等。
女性關係	—
男性關係	**．宙斯** 化身為蛇與狄蜜特性交，生了泊瑟芬。⑨ **．波塞頓** 狄蜜特在尋找女兒時，遭到波塞頓的追求。為了躲避波塞頓，狄蜜特變身為馬，但波塞頓也變身為馬，追上狄蜜特，並且強迫她發生了性關係。狄蜜特非常憤怒，洗淨身體的泉水由於她的憤怒而變成黑色。但她也因為與波塞頓的這個關係，生下了名馬阿里翁。⑩ ．凡人伊阿西翁，及其他。

①《荷馬的諸神讚歌》「狄蜜特讚歌」(讚歌第二號）第 256 行以下。②奧維德《歲時記》第四卷第 587 行以下。③《荷馬的諸神讚歌》「狄蜜特讚歌」(讚歌第二號）第 210 行以下。④女神這個時候當然很生氣，便把少年變成四腳蛇。奧維德《變成記》第五卷第 452 行以下。⑤《荷馬的諸神讚歌》「狄蜜特讚歌」(讚歌第二號）第 276 行以下。⑥《荷馬的諸神讚歌》「狄蜜特讚歌」(讚歌第二號）第 198 行以下。⑦保薩尼亞斯《希臘志》第八卷第三十七章第 1 節。⑧這是狄蜜特在找女兒時的別稱。⑨以蛇的姿態性交的故事流傳於希臘神話分支的奧菲斯教。赫西俄德《神譜》912 行以下。⑩保薩尼亞斯《希臘志》第八卷第二十五章第 5 節。⑪保薩尼亞斯《希臘志》第一卷第三十八章第 6 節。⑫奧維德《變形記》第八卷第 27 行以下。

狄蜜特在希臘神話中的主要經歷

誕生	出生後立刻被父親克洛諾斯吞進肚子裡，後來被宙斯救出來。
成年期	・女兒泊瑟芬被黑帝斯搶走。 狄蜜特罷工，以至於整個世界的穀物枯萎，人類面臨滅亡的危機（參閱 163 頁）。 ・罷工的狄蜜特退回到厄琉西斯，在那裡賜予凡人「厄琉西斯祕儀」。 ・泊瑟芬歸來。世界開始有了冬季。

※ 穀物女神有很多和食物有關的神話，例如處罰擅自砍伐自己的神聖森林的厄律西克同永遠吃不飽，或賜予潘達瑞俄斯一輩子都不會胃痛的能力等等。

主要崇拜地與具有特徵性的禮儀

・厄琉西斯祕儀

在現世利益主義者的希臘神話世界觀裡，有一項尋求「死後幸福」的特殊祕儀。狄蜜特在這個祕儀裡佔有重要的位置，但是「把這個祕儀的內容告訴外人，是必須以生命為償的」，所以我們無法了解祕儀的詳細內容。⑪

・忒斯摩福拉節

這是男性、未婚女性不能參加的祈求豐收儀式。參加祭典的女性除了要一邊説著猥褻的語言外，還要以鞭子互打，並且從祭祀活動開始前八天就不能有性行為⑫。在神話裡，這個祭典的由來是狄蜜特在女兒被搶走時心情十分不好，於是凡人女性便講一些猥褻的話與露出自己的性器，來博狄蜜特一笑。這和日本神話裡天鈿女命以裸舞引天照大神走出天岩戶的故事，有共通之處。

・獻給狄蜜特的供奉物大多是初穗。此外，這個祭典除了奉祀狄蜜特外，也同時奉祀泊瑟芬。

表現出一部分厄琉西斯祕儀的浮雕。上層右邊，坐在寶座上的是狄蜜特；站在狄蜜特前面，拿著火把引領參加祭典群眾的是泊瑟芬。刻畫在下層中央的是祕儀中使用的器具「翁法洛斯」（希臘語「肚臍」之意，是人造的圓形石器）。

神可能被殺死嗎?

狄蜜特是穀物之神,掌管了凡人與眾神的胃囊。她會賜予幫助她的男人一生不受胃痛之苦[81],也會與喜歡的男子在田地裡交歡[82],然而卻一時疏忽,誤食了人肉[83]。

作為穀物與大地的女神,狄蜜特的很多神話與食物有關,她同時也有讓所有東西生長的豐饒之神的特質。只要人們不做出失禮的行為[84],她就是一位非常親切溫和的神。

可是,**這樣親切溫和的女神,卻也會把所有凡人與眾神逼到瀕臨滅亡的絕境。到底是什麼樣的危機,讓擁有絕對力量的不死之神,感受到瀕臨滅亡的絕境呢?**就來看看狄蜜特讓萬物停止生長的神話吧!

[81] 只是,潘達瑞俄斯卻因此不得不吃很多東西。只能說刀有兩面刃。

[82] 在田地裡交合是古代希臘祈求豐收的一種咒術。

[83] 坦塔羅斯藐視眾神的權威,他烹殺了自己的兒子珀羅普斯,然後邀請眾神赴宴。眾神都知道他的詭計,誰也沒有吃肉,只有狄蜜特因為女兒被搶,恍惚下吃了一塊肉。

[84] 厄律西克同因為想蓋自己的私人宴會廳,砍伐了狄蜜特神聖森林裡的樹木,於是被狄蜜特處罰永遠吃不飽。他最後不僅餓得吃路上的髒東西,甚至吃了自己的身體而死。

狄蜜特抗爭神話（爆發篇）

狄蜜特與宙斯生了一個女兒科瑞[85]。科瑞太美了，以至於所有的男神都帶著禮物來求婚。阿波羅帶了豎琴、赫菲斯托斯帶了首飾、荷米斯帶了傳令杖、阿瑞斯帶了槍（這是適合送給少女的禮物嗎？），來到科瑞面前，準備向科瑞求婚。但是狄蜜特替女兒一個個拒絕了他們。

狄蜜特說：「不能讓這些對女人放蕩的希臘男神靠近我可愛的女兒。」

為了保護可愛的科瑞，狄蜜特便把科瑞藏在遙遠的西西里島[86]，讓她在西西里島成長。

可是，有一天，可愛的女兒卻失蹤了。為了尋找女兒，狄蜜特上山下海到處跑，不管是不會死的神還是會死的凡人，誰都說不知道科瑞的去向。不得已，狄蜜特只好去逼問監視萬事萬物的太陽神赫利俄斯。

赫利俄斯說：「擄走妳的女兒的是……冥界的黑帝斯。他已經把妳的女兒帶到冥界的底層了。這件事至尊天神宙斯也曉得，他們是同謀。黑帝

[85] 科瑞就是後來成為冥界之后的泊瑟芬。

[86] 所以神話裡說西西里島的穀物非常豐富。又，西西里島也是狄蜜特與泊瑟芬兩位母女神的最大崇拜地。

斯大人向宙斯大人表示想娶科瑞為妻，宙斯大人同意了。——尊貴的女神呀！請不要為此生氣、感嘆。在眾神之中，黑帝斯大人統理許多東西，說起來他也是妳的弟弟，不僅很有威嚴，也統治著三分之一個世界，女兒嫁給他的話並不失體面，他也算得上是乘龍快婿……」

狄蜜特：「胡說八道！誰會想把可愛的女兒嫁到地獄呢？——讓管理穀物的我生氣，你們會後悔的。」

女兒被搶走的狄蜜特來到厄琉西斯[87]後什麼也不做，完全放棄自己的職務——也就是說她禁止地面所有植物生長[88]。

狄蜜特：「只要我的女兒不回來，人們就會因為飢餓而死，也沒有能力供奉犧牲給眾神，天上的諸神將會因此滅亡。」

但狄蜜特的這個聲明，卻正中冥界之王黑帝斯的心意。

黑帝斯：「歡迎、歡迎！死得越多，我的王國臣民就越多。我一點也不關心天上的諸神會變成什麼樣子。」

事情演變成這樣，以宙斯為首的天上諸神都慌張不已。畢竟少了供奉

[87] 厄琉西斯。那裡有狄蜜特罷工時靜坐的井。

[88] 對凡人來說，那是最困厄的一年。「撒在大地的種子一顆也不發芽，怎麼拉牛犁田都沒有用。而且，撒再多的白色大麥在地面上，也無法結穗。」

（奧維德《變形記》）

犧牲給諸神的凡人，諸神也會餓死、也會滅亡[89]。

於是宙斯連忙派遣眾神去說服狄蜜特，然而，又送禮物又誇讚的，都說服不了狄蜜特。最後宙斯只好親自出馬了，說了以下的話。

宙斯說：「黑帝斯是冥界之主，也是我的兄弟，雖然有一些缺點，但總歸赫赫有名，有著可觀的權勢。況且，若說起黑帝斯的缺點，也不過是抽籤運氣差一點[90]而已。」

可是狄蜜特仍然固執地不接受勸說。

宙斯：「要說服狄蜜特是不可能的事了。看來只好去說服黑帝斯放棄泊瑟芬了……。傳令神荷米斯，你去冥界說服黑帝斯吧！全世界的命運就繫在你的三寸不爛之舌上了。」

荷米斯：「遵命。」

——欲知後事如何，且看下面與黑帝斯、泊瑟芬相關的敘述。

[89] 例如：傳令神也不願意去沒有供物可以獻給天神的地方。《奧德賽》第五卷第93行以下。

[90] 宙斯、波塞頓、黑帝斯以抽籤方式決定由誰掌握世界的統治權。結果宙斯抽到天界，波塞頓抽到海界，黑帝斯抽到冥界。

名字	ΠΕΡΣΕΦΟΝΗ **泊瑟芬** 女性
別名	（英）Persephone、（羅）普洛塞庇娜
主要職務（權能）	【冬天】（在冥界）：冥界之后（黑帝斯的妻子） 【夏天】（在地上）：豐饒與植物、讓植物在春天萌芽的女神，狄蜜特女神之女。

泊瑟芬名言

「大家來。一起摘了雙手滿抱的花再回家吧！」（被黑帝斯擄走前對朋友們說的）①

「眾亡者的主人、力量強大的黑帝斯，強行把我擄上黃金馬車，帶我到地底下。我大聲叫喊也沒有用。**母親呀！我非常痛苦。**」（對母親狄蜜特說）②

周圍對泊瑟芬的評價

「我的親生女兒，像花朵一樣漂亮的女兒。我聽到她的哀號了。是誰用粗魯的態度對待她了呢？……不知道是神還是人，我的女兒被強行擄走，離開我的身邊了。」（母親狄蜜特）③

「**我比黑眼睛的泊瑟芬更高貴、美麗！**黑帝斯大人一定會回到我身邊的，那時泊瑟芬就會被趕出黑帝斯大人的宮殿。」（內心充滿嫉妒的明塔）④

「冥界之后泊瑟芬會拿著齒密的篦櫛對你說『快快消失吧』，用篦櫛梳裂你。」（詛咒之語）⑤

是地面的植物少女，也是地獄的女王，泊瑟芬是腳踏兩個國度的女神

因著不同時節來改變職權的女神。夏天的時候，她回到母親狄蜜特身邊，以豐饒的女兒神「科瑞」的身分接受奉祀。

但是，冬天來到時，她就是黑帝斯的妻子——冥界之后泊瑟芬。

（這位女神為何會有此種遭遇，請看後面的內容。）

因為她的神格附屬於母親狄蜜特與丈夫黑帝斯，所以沒有留下太多以她為主體的神話。

外表

金髮的年輕女神。

總是出現在母親狄蜜特或丈夫黑帝斯的身邊。

- 「擁有纖細腳踝的少女神。」⑥
- 「容顏如花蕾般的處女。」⑦

下層：駕著不死馬去搶泊瑟芬的黑帝斯。

上層：發現泊瑟芬被擄後，眾神在後面追趕。

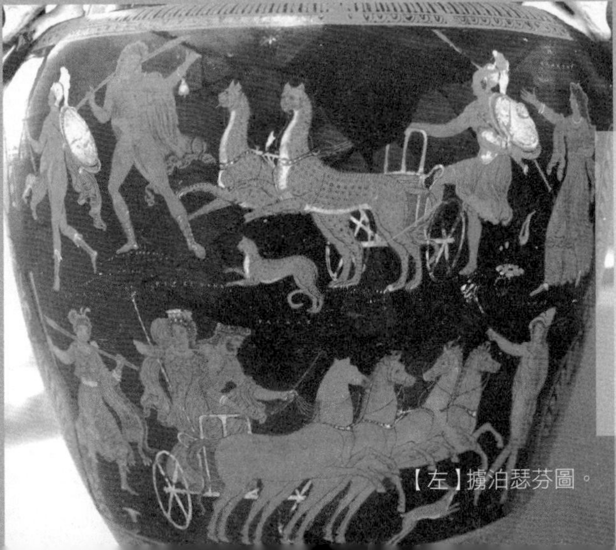

象徵、手持物（識別法）

【植物】石榴、水仙、火炬、穀物束。

【左】擄泊瑟芬圖。

【右】泊瑟芬像。

出生日	—
出生地	不明（因為父親宙斯把西西里島送給她，所以西西里島是她最喜歡的地方之一）。⑧
家族構成	父／宙斯 母／狄蜜特（有時說是斯堤克斯） 丈夫／黑帝斯 子女／札格斯（有時說是戴歐尼修斯）⑨、地下神墨利諾厄、復仇女神們厄里倪厄斯。
外號	**科瑞（純潔的少女）、梅林蒂亞（蜂蜜新娘）**、哈格妮（純真者）、涅歐忒拉（年輕女神）、卡爾波弗洛斯（帶來果實者）、塞姆那伊．忒埃（尊貴的女神們／與母親狄蜜特組合）等等。
女性關係	—
男性關係	**．宙斯（第一次）** 宙斯是泊瑟芬的父親，但在奧菲斯教（祕儀之一）的神話裡，宙斯化身為蛇與泊瑟芬性交，泊瑟芬因而生了札格斯（有時札格斯與酒神戴歐尼修斯被視為一體）。⑩ **．宙斯（第二次）** 宙斯化身為黑帝斯與泊瑟芬性交。這次所生的孩子是女神墨利諾厄。墨利諾厄一半白（宙斯的白）一半黑（泊瑟芬的黑），以黑白斑紋的姿態誕生。⑪ **．阿多尼斯** 敘利亞的美少年。年少俊美而深受阿芙蘿黛蒂的喜愛。因為擔心別的女神來搶阿多尼斯，阿芙蘿黛蒂便把他藏在箱子裡，寄存在泊瑟芬處，沒想到泊瑟芬也被阿多尼斯吸引，後來便不還阿芙蘿黛蒂這個箱子。 兩位女神爭奪阿多尼斯之事鬧到宙斯那裡，宙斯做了以下的判決：阿多尼斯呀，一年的三分之一在地上的阿芙蘿黛蒂那裡，三分之一在地下的泊瑟芬那裡，最後的三分之一可以獨身。可是，阿多尼斯在獨身的三分之一年裡，仍然和阿芙蘿黛蒂在一起，所以可以說阿芙蘿黛蒂得到阿多尼斯的三分之二年（實際上泊瑟芬可以說是被甩了）。⑫

泊瑟芬在希臘神話中的主要經歷

幼年期	**被所有男神求婚**。阿波羅送上豎琴、赫菲斯托斯送上首飾、荷米斯送上傳令杖、阿瑞斯送上槍，但都被狄蜜特拒絕了。
成年期	・在西西里島的敘拉古山附近的原野上採花時，被冥王黑帝斯擄走。之後，一年有三分之一的時間要在冥界生活，做黑帝斯的妻子（參閱 170 頁）。 黑帝斯擄回泊瑟芬時，黑帝斯原本的情婦寧芙仙子明塔大為嫉妒，於是怨妒地說「我比泊瑟芬漂亮」。這句話被泊瑟芬的母親狄蜜特聽到了，狄蜜特（或泊瑟芬）於是把明塔變成柔弱的野草，也就是薄荷。⑬

主要崇拜地與具有特徵性的禮儀

泊瑟芬經常與母親狄蜜特或丈夫黑帝斯一起被奉祀（參照狄蜜特與黑帝斯的履歷表）。
喜歡的供品是蜂蜜、牛奶、糕點。

在黑帝斯（右）旁邊侍候的泊瑟芬。這個浮雕上面沒有刻名字，只刻著「神」、「女神」。這是因為冥界之神不吉利，所以要避免直接提及他們的名字。

① 奧維德《歲時記》第四卷第 431 行。② 《荷馬的諸神讚歌》「狄蜜特讚歌」（讚歌第二號）第 430 行以下。③ 《荷馬的諸神讚歌》「狄蜜特讚歌」（讚歌第二號）第 65 行以下。④ Oppian, *Halieutica* 3. 485 ff。⑤ 第歐根尼・拉爾修《哲人言行錄》第九卷第十章 58 節。⑥ 《荷馬的諸神讚歌》「狄蜜特讚歌」（讚歌第二號）第 2 行。⑦ 《荷馬的諸神讚歌》「狄蜜特讚歌」（讚歌第二號）第 9 行。⑧ 狄奧多羅斯《歷史叢書》第五卷第三章第 1 節。⑨ Orphic hymn 26, 71。⑩ Orphic hymn 30 (to Dionysus.)。⑪ Orphic hymn 71 (to Melinoe)。⑫ 阿波羅多洛斯《希臘神話》第三卷第十四章第 4 節。⑬ Oppian, *Halieutica* 3. 485 ff。

以火山爆發為開始的愛情故事

地下的冥界總是非常安靜，但是坐在寶座上的冥王黑帝斯突然被轟隆的巨響嚇了一跳。原來是地面上西西里島的埃特納火山[91]爆發了。

黑帝斯：「萬一地面裂開，陽光從裂縫射進來，會嚇到我的亡者臣民的。那該怎麼辦？」（奧維德《變形記》）

擔心不已的黑帝斯於是駕著黑色馬拉的車，離開冥界，前往埃特納山一帶巡視、調查災情（黑帝斯對自己的工作十分認真）。

「唔，沒有重大的災情嘛……」

了解了大致狀況後，黑帝斯放心了，於是踏上回冥界的路。但是，就在回冥界的途中，他看到一位在花田裡採花的少女。這位少女正是穀物之

[91] 如同在狄蜜特的章節裡提到的，科瑞在西西里島祕密成長，她被藏在位於島中央的納恩。但是，某一天她去湖畔採花時，遇到了前往埃特納火山巡視的黑帝斯。至於科瑞被擄走的地點到底是哪裡，各地有各地的說法。

[92] 水仙花生長在水邊的潮濕場所，但也經常生長在墓地。

神狄蜜特的女兒——像花一樣美麗的科瑞。黑帝斯對她一見鍾情。不過他和一般的男神不一樣，並沒有被愛意沖昏頭地直接上前表白，而是冷靜地採取迂迴戰術。黑帝斯首先去找少女的父親，也就是宙斯，要求宙斯把女兒嫁給他。之後，他又要了小花樣，讓科瑞不疑有他，慢慢靠近。就像這樣——

> 綻放的水仙[92]（正是黑帝斯）吸引著容顏如花的科瑞。
> 科瑞驚喜萬分地伸出雙手，準備摘下那水仙。
> 但大地突然張開大嘴巴，迎接眾亡者的主人、大名鼎鼎的克洛諾斯之子，黑帝斯駕著不死馬出現在她的眼前。
> 不管童貞女科瑞如何反抗，如何哭著、叫著，還是被強行帶上黑帝斯的黃金馬車。[93]

前面的章節已經說過女兒被搶走的狄蜜特是如何悲憤了。生氣的狄蜜

黑帝斯擄走科瑞，母親狄蜜特跨上長著翅膀的蛇戰車追趕。

[93]《狄蜜特讚歌》部分摘譯。

特詛咒地說道：「不還我女兒，全世界就等著餓死吧！」讓所有的生命體陷入毀滅危機的原因不是別的，就是黑帝斯對科瑞的慕戀之心（因為一見鍾情竟導致世界面臨毀滅的神話世界，真的是太可怕了）。

這時受到宙斯的命令去解決「世界毀滅危機」，單槍匹馬赴冥界的神，正是專門替宙斯擦屁股的傳令神荷米斯[94]。

然而荷米斯來到冥界，一腳踏入黑帝斯的寢宮，就看黑帝斯與科瑞在床上。啊，不，現在的她已經不是科瑞（處女）了，因為她的丈夫已經給她新的名字「泊瑟芬」[95]。

儘管來晚了一步，荷米斯仍得要執行宙斯給予的任務。

荷米斯：「黑帝斯大人，請把她還給她的母親吧！要不然泊瑟芬大人的母親狄蜜特大人會讓地面毀滅的。」

這般場面在希臘神話中算得上是數一數二的決定性場面了。如果拒絕的話，地上即將毀滅……。雖然場面很緊張，但黑帝斯只是稍稍揚起眉頭表示微笑[96]。他已經在心中盤算好了。

[94] 除了辦這件事外，荷米斯還經常為風流父親宙斯的偷情事件善後。

[95] 「泊瑟芬」這個名字有「破壞光的女性」或「刺眼的光」的意思。

[96] 黑帝斯是「微笑模仿者」，眉頭上揚就是他的微笑。

黑帝斯：「好吧！泊瑟芬，妳就回去妳母親的身邊吧。不過，請妳在內心裡留一點溫柔與情意給我。還有，請妳不要如此悲傷。」

泊瑟芬聞言立刻歡喜地從床上起身，荷米斯也放心地閉上眼睛。但是，就在那一瞬間，黑帝斯讓泊瑟芬吃了一顆甜甜的石榴籽[97]。

泊瑟芬當時不知道黑帝斯給自己吃石榴籽的用意，直到回到地面，再見到母親時，才明白了黑帝斯的計謀。原來不管是誰，只要吃了冥界的食物後，就永遠與冥界脫離不了關係。

從此以後，泊瑟芬雖然一年中有三分之二的時間可以跟母親在一起，但另外的三分之一的時間卻必須回到冥界，當黑帝斯的妻子。狄蜜特因此痛恨那三分之一的時間，讓那三分之一的時間成為「植物不會發芽的不毛季節」。

[97] 石榴可以種植在墓地當作亡者的陪葬品，是與冥界關係密切的果物。

所謂「不毛的季節」是冬天還是夏天？

這則神話在希臘神話裡，是敘述季節起源的故事。說到「植物不會發芽的不毛季節」，我們就會立刻聯想到冬季。不過，希臘的夏季酷熱難耐，也可以說是「植物不會發芽的不毛季節」，冬小麥之類的植物反而會在冬天的時候結實纍纍。因此，針對「植物不會發芽的不毛季節」的問題，存在著許多種解釋，甚至有「泊瑟芬去冥界的季節或許不是冬天而是夏天吧？」的說法。也有把「植物不會發芽的不毛季節」解釋為月的盈缺，泊瑟芬去冥界的時期是新月的時候。

話說回來，黑帝斯搶走泊瑟芬（科瑞）的神話，很容易讓人**覺得被迫嫁給黑帝斯的泊瑟芬好可憐，因此認為黑帝斯是個壞蛋**。然而，黑帝斯絕非一個壞丈夫。因為除了泊瑟芬之外，在神話裡黑帝斯只有兩個情人——明塔（薄荷）與琉刻（白楊樹）[98]。相較於宙斯或波塞頓等希臘男神在婚後還有那麼多的風流事蹟，黑帝斯可以說是希臘神話世界觀中少見的愛妻

[98] 明塔是住在門塔山的寧芙仙子，泊瑟芬發現她與黑帝斯偷情後，把她踩爛，變成了薄荷。薄荷是古代希臘用來消除屍臭的植物，與冥界之王有密切的關係。狄蜜特與科瑞（泊瑟芬）的祭儀上也會使用到薄荷。琉刻是黑帝斯的情人，死後被黑帝斯變成白楊樹。白楊樹是黑帝斯的聖樹，黑帝斯的頭冠便是白楊樹葉做成的。有一種說法是：白楊樹葉子表面白、背面黑的原因，是因為深受黑帝斯喜愛的關係。不過，黑帝斯與琉刻或許並不是婚外情，琉刻或許是黑帝斯與泊瑟芬婚前的情人。

角色。

下個章節會提到黑帝斯為什麼沒有那麼多戀愛事件。

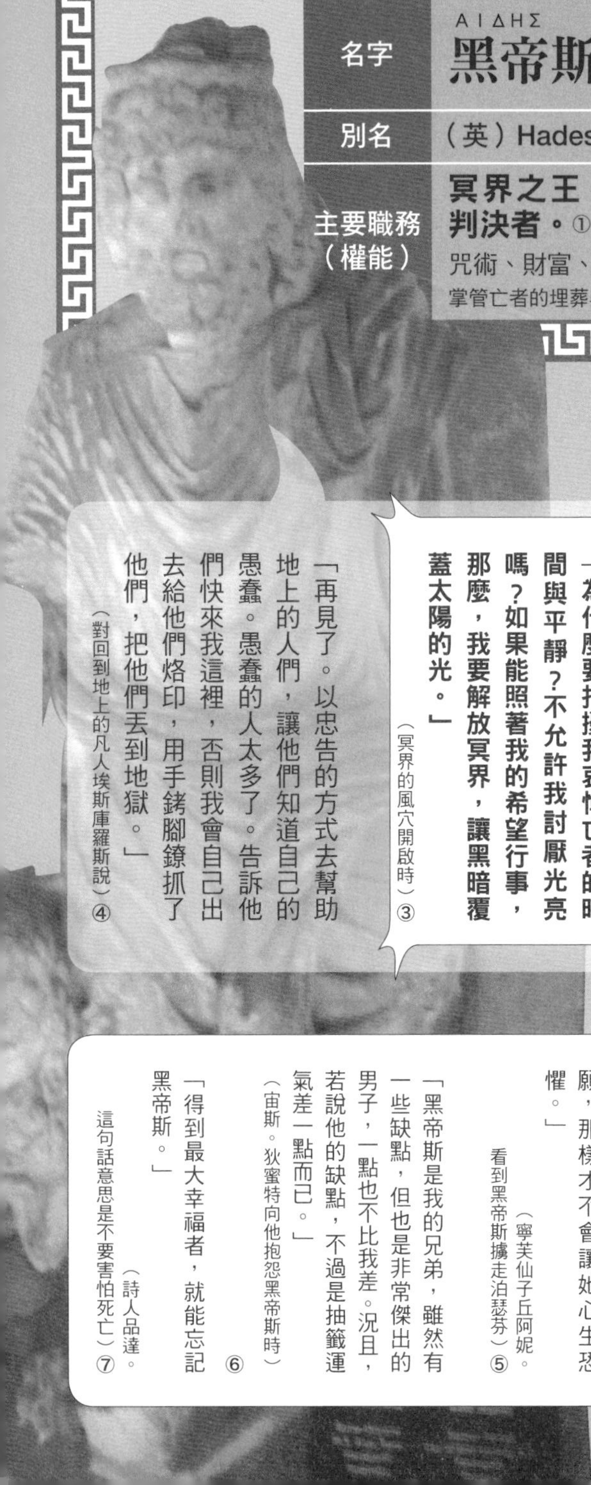

名字	ΑΙΔΗΣ **黑帝斯**	男性
別名	(英)Hades、(羅)普路托	
主要職務(權能)	**冥界之王。冥界法庭的最高判決者。**① 咒術、財富、礦物、寶石、豐饒、掌管亡者的埋葬與葬禮。處罰對死者不敬者。	

黑帝斯名言

「泊瑟芬呀，希望妳能給我溫柔與情意，也請妳不要如此悲傷。在不會死的神當中，妳找不到像我這樣的丈夫了。」

(對妻子說)②

「為什麼要打擾我哀悼亡者的時間與平靜？不允許我討厭光亮嗎？如果能照著我的希望行事，那麼，我要解放冥界，讓黑暗覆蓋太陽的光。」

(冥界的風穴開啟時)③

「再見了。以忠告的方式去幫助地上的人們，讓他們知道自己的愚蠢。愚蠢的人太多了。告訴他們快來我這裡，否則我會自己出去給他們烙印，用手銬腳鐐抓了他們，把他們丟到地獄。」

(對回到地上的凡人埃斯庫羅斯說)④

周圍對黑帝斯的評價

「冥王呀！沒得到狄蜜特同意，是無法成為泊瑟芬的夫婿的。強擄走泊瑟芬是不行的。首先必須向她求婚，得到她的同意。結婚這種事要兩相情願，那樣才不會讓她心生恐懼。」

(寧芙仙子丘阿妮。看到黑帝斯擄走泊瑟芬)⑤

「黑帝斯是我的兄弟，雖然有一些缺點，但也是非常傑出的男子，一點也不比我差。況且，若說他的缺點，不過是抽籤運氣差一點而已。」

(宙斯。狄蜜特向他抱怨黑帝斯時)⑥

「得到最大幸福者，就能忘記黑帝斯。」

(詩人品達。這句話意思是不要害怕死亡)⑦

好萊塢電影裡的黑帝斯是邪惡大反派，但希臘神話裡的黑帝斯是最誠實的地獄之王

在迪士尼電影《大力士》等以希臘神話為主題的電影或卡通裡，冥王黑帝斯被描繪成大反派，最大的興趣就是毀滅地上世界。但在希臘神話裡，黑帝斯並不是邪惡的神，他對地面上的事情沒有興趣，是一位為了公平地裁判亡者而鐵面無情的嚴肅之神，也是一位喜歡黑暗、個性成熟穩重的神。

還有，在一群只愛追逐女性的希臘男神中，黑帝斯是唯一一位不到處拈花惹草的希臘男神⑧，更是一位奇蹟般存在的愛妻角色。然而他所愛的妻子泊瑟芬卻一年只和他相伴冬季的那四個月。

在以天界的神為中心的現世利益主義的「主流希臘神話」裡，黑帝斯存在並不突出；但在「非主流希臘神話」（奧菲斯教或厄琉西斯教等，以追求死後幸福為主張的古代希臘宗教中的一派）裡頭，黑帝斯被盛大地崇拜、祭祀著。

外表

臉上有鬍鬚，相貌威嚴而表情陰沉的中年男子。

- 「穿著黑色喪服，手拿著劍的黑帝斯。」⑨
- 「像怪物一樣有著巨大身軀的冥府之王黑帝斯……」⑩
- 「黑帝斯在黑暗中舉起門閂，為大量被屠殺的亡者打開冥界的大門。」⑪
- 「（當冥界和地上的風穴洞開時）黑帝斯感到不尋常的恐懼。他看著星空顫抖，被從天而降的光亮激怒了。」⑫

象徵、手持物（識別法）

隱形頭盔（戴上之後身體就會變得看不見的皮製頭盔）、權杖、寶座、果樹園、冥界之鎖、豐饒之角。

【植物】柏樹、薄荷、白楊樹、金穗花（不死之花）、水仙、石榴。

【動物】倉鴞、鵰鴞（不吉利的鳥，據說是黑帝斯的使者）、克爾柏羅斯（三頭犬）。

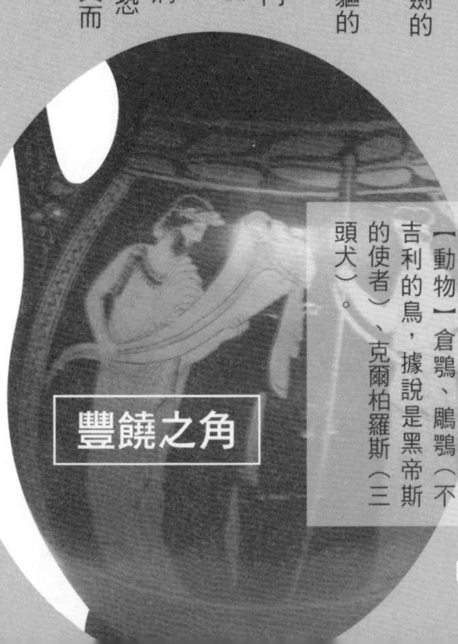

【左】賜予大地豐饒的黑帝斯（普路托）
【右】黑帝斯與克爾柏羅斯。

出生日	— 不過，每個月的第 29 日、一個月的最後三天，是冥界諸神的聖日。
出生地	—
家族構成	父／克洛羅斯 母／瑞亞 妻子／泊瑟芬（科瑞） 子女／復仇女神們厄里倪厄斯、死亡女神瑪卡里亞[13]。 ※ 黑帝斯基本上被認為是沒有生育能力的男神，但在非主流的希臘神話（奧菲斯神話）裡，黑帝斯有時有子女。
外號	直呼冥界之王的名字「黑帝斯」，是不吉利且該避免的事情。所以他的別名或外號總是避開不祥的用語，而是有積極性的正面用語。 **布魯頓（富裕者）**、**艾得涅吾斯（隱形者）**、耶普雷吾斯（善忠告者）、克琉門諾斯（大名鼎鼎者）、波琉狄格蒙（眾人之主）、波琉克塞諾士（接受眾人之主）、**耶蓋忒斯（美髮者）**、耶克雷斯（好名聲者）、哈格西拉歐斯（眾人的引導者）、布西阿納克斯（所有人之王）、涅格隆・索特爾（亡靈救星）。
女性關係	**・明塔** 黑帝斯娶泊瑟芬之前的情人，後來變成薄荷。 **・琉刻** 原本是寧芙仙子，被黑帝斯帶入冥界。琉刻死後，黑帝斯把她變成白楊樹，讓她做自己的聖樹[14]。
男性關係	—

前往冥界的方法

希臘各地都相信有通往冥界的洞穴，但只有夜晚才能進入。因為冥界有三頭犬克爾柏羅斯守護，所以進入冥界就很難活著回來。

黑帝斯在希臘神話中的主要經歷	
誕生	出生後立刻被父親克洛諾斯吞進肚子裡，後來被宙斯救出來。
成年期	**泰坦大戰** 支援宙斯、波塞頓，戴著隱形頭盔接近父親克洛諾斯後，搶走克洛諾斯的鐮刀，丟到特拉柏濃岬的海中。
	・與宙斯、波塞頓抽籤決定由誰管理天界、海界、冥界。黑帝斯籤運不佳，成為冥界的管理者。
	・發明埋葬亡者，及送葬亡者。非常謹慎地管理、統治亡者。⑮
	・綁架科瑞（泊瑟芬）為妻，但每年只能相處三分之一年（參閱 170 頁）。
	・英雄提修斯與皮瑞蘇斯來到冥界，想向泊瑟芬求婚。黑帝斯大怒，把他們綁在冥界的門口示眾。
	・海格力斯來到冥界，向黑帝斯借三頭犬克爾柏羅斯。黑帝斯同意出借，但條件是「不能讓武器傷害到克爾柏羅斯」。
	・黑帝斯與帶著亡者靈魂來到冥界的海格力斯戰鬥，戰敗後允許亡者的靈魂返回黃泉。黑帝斯因為這件事，累積了對海格力斯的不滿。
	・少數奉祀黑帝斯的城市之一的皮洛士遭受海格力斯的侵略，黑帝斯來到地面幫助皮洛士對抗海格力斯，以瘟疫和槍術應戰，結果肩膀中箭，帶著「雖然不會死，但或許也會死的憂慮回到冥界。⑯
	・阿波羅的兒子阿斯克勒庇厄斯是可以起死回生的神醫，讓黑帝斯很不滿，於是向宙斯抱怨：「我管轄的領域越來越小了」，並以天雷擊斃阿斯克勒庇厄斯。
	・黑帝斯因為阿俄尼亞地方的亡者無人埋葬而震怒，於是讓地面發生瘟疫，造成很多人的死亡。後來人們得到阿波羅的忠告，以凡人少女為犧牲來禮拜冥王黑帝斯，讓黑帝斯息怒。但冥王夫婦憐惜成為犧牲的少女，便把少女的身體變成星星，流放到天上。⑰
	・凡人奧菲斯為了讓被毒蛇咬死的新婚妻子歐律狄刻重返人間，前赴冥界。黑帝斯與泊瑟芬受其感動而同意，但要求他們在回到地面前絕對不可以回頭。然而在接近地面時，奧菲斯回頭看了妻子，結果無法與妻子一起回到人間。
	・其他還有被狡猾機智的薛西弗斯蒙騙，放已經死去的薛西弗斯回到人間的神話等等。

主要崇拜地與具有特徵性的禮儀

・基本上黑帝斯不接受凡人的供物（賄賂）。（所以舉辦祭儀也沒有用）

不過，如果無論如何都想取悅他時，可以一邊敲響地面，一邊獻上長毛的動物犧牲。在供奉犧牲時，視線必須移開，不可以注視著黑帝斯的神像。

獻犧牲給天上的神時，要把犧牲動物放在高高的祭壇上燃燒，燒過後凡人也可以吃（凡人可以與天神一起吃）。但是奉獻犧牲給冥界的神時，要把燒過犧牲丟進事先挖好的洞穴，凡人不可以吃**（和冥界的神一起吃東西意味著死亡）**。另外不管是奉祀冥界還是地面上的神祇，一般都不會在儀式中使用「涅菲利亞」酒。⑱

・只有厄里斯有單獨奉祀冥王黑帝斯的神廟

這座神廟一年只開一次門。因為黑帝斯是不祥之神，所以基本上許多地方都以象徵豐饒的布魯頓（富裕者）之名來奉祀他。⑲

・黑帝斯的亡靈神諭所

塞斯普羅蒂亞州有黑帝斯的亡靈神諭所。那是能和亡者通話的地方，其遺址還在今日希臘。⑳

・從冥界呼喚出亡靈的咒術㉑。

・有人死了，要在死者口中放兩枚奧波勒斯銀幣，做為渡過冥河的船資。但是，如果亡者死亡的地點在冥界入口附近（例如泰納隆岬角等等地方），就不必付渡船的船資。

① 他必須以冥界之王的身分，裁判對亡者的靈魂，所以幾乎很少離開冥界，也因此不被列入以天界的神為主體的「奧林帕斯十二天神」之中。② 《荷馬的諸神讚歌》「狄蜜特讚歌」（讚歌第二號）第 360 行以下。③ Statius, *Thebaid* 8. 21 ff。④ 阿里斯托芬《蛙》第 1503 行以下。⑤ 奧維德《變形記》第五卷第 410 行。⑥ 奧維德《變形記》第五卷第 527 行。⑦ 品達《勝利曲》奧林匹亞勝利曲第八歌第 72 行以下。⑧ 現在史料裡可以找到的黑帝斯情人只有琉刻與明塔，並且黑帝斯與她們的愛情關係均存在於與泊瑟芬結婚之前。古代人也會在婚後發生外遇，黑帝斯與琉刻與明塔的關係就算是外遇，數千年間黑帝斯只被發現這兩樁外遇，和宙斯、波塞頓等風流天神比起來，黑帝斯可以用專情的神來形容了。⑨ Valerius Flaccsu, *Argonautica* 3. 380。⑩ 荷馬《伊利亞德》第五歌第 93 行。⑪ Nonnus, *Dionysiace* 36. 200。⑫ Statius, Thebaid 8. 21 ff。⑬ Suidas s.v. *Makariai*。⑭ Servius on Virgil's Eclogues 4. 250. ⑮ 黑帝斯成為冥界之主前，地上的人們死後就任其腐爛。狄奧多羅斯《歷史叢書》第五卷第六十九章第 5 節。⑯ 除了黑帝斯外，此時阿波羅與波塞頓也加入對抗海格力斯的戰爭。品達《勝利曲》奧林匹亞勝利曲第九歌第 30 行以下、保薩尼亞斯《希臘志》第六卷第二十五章第 2 節、Seneca, *Hercules Furens* 559 ff。⑰ 安東尼努斯・萊伯拉里斯《變形記》第二十五話。⑱ Strabo, *Geography* 14 1 44. ⑲ 保薩尼亞斯《希臘志》第六卷第二十五章第 2 節、Strabo, *Geography* 8 3 14ff。⑳ 希羅多德《歷史》第五卷第 92 節、保薩尼亞斯《希臘志》第一卷第十七章第 4 節，與第五卷第十四章第 2 節。㉑ Statius, *Thebaid* 4. 410 ff.

黑帝斯為何只有一座神廟？

諸神都有眾多神廟，但有一位男神卻只有一座地表上面的神廟[99]。那位男神就是黑帝斯。

統治著三分之一世界的冥界，擁有所有的亡者與地表下面的財富（寶石、貴金屬等等）的黑帝斯，是非常了不起的神。但是從黑帝斯只有一座神廟這一點看來，神話果然不是完全憑空創作來的。

古代希臘的宗教觀是「現世利益主義」，凡人都希望神能給自己帶來利益，因此對不能帶來現世利益的冥界或黑帝斯，古代希臘人幾乎沒有多少關心度。

但另一方面，畢竟現世是辛苦的，因此不少希望能夠得到死後世界[100]幸福的不少窮人，也會信仰黑帝斯。然而窮人沒有財力建築及創作能夠留傳到後世的神廟與神話，所以以黑帝斯為主角的神話或崇拜很少能以有形的方式留傳下來（為數不多的例外如同在狄蜜特與泊瑟芬[101]的章節提到的）。

[99] 唯一的黑帝斯單獨神殿在厄里斯，黑帝斯的神域明塔山就在附近。這座神廟非常特殊，一年只開一次門，並且只有神官能進入。但是黑帝斯的別名「富裕者」布魯頓則在各地受到奉祀。

[100] 在古代希臘宗教中，也有支持死後幸福與輪迴轉世的奧菲斯教或厄琉西斯祕儀。對這類信仰者來說，黑帝斯的神格非常重要。

[101] 黑帝斯是「富裕者」布魯頓時，就不是冥界的神，而是能給凡人帶來財富的神，並且與狄蜜特、泊瑟芬一起接受奉祀。

因為他的存在被視為不祥，所以人們不喜歡直呼其名，大抵以下列的名稱來稱呼他：「地下的宙斯」、「地下之王」、「富裕者」、「隱形者」、「善忠告者」、「鐵面無情者」……。

黑帝斯是「惡人」嗎？

黑帝斯是地獄之王，現代人便就經常把他想成「邪惡者」。事實上古代希臘人也認為他是「冷酷的、鐵面無情的，不接受請求也不接受供奉的神」。但反過來說，黑帝斯這樣的性格也意味著他「對任何人都公平（不會接受任何人的賄賂）」，如此的冥界之王才能對亡者進行公正的裁判。而不管對什麼樣的亡者都要進行弔唁的規定，也是黑帝斯的決定。

從上述所說的來看，黑帝斯並不邪惡，他只是在體現「遵守法則的冷靜正義」。古代希臘人也這麼說了：

「在宙斯身旁的法令是地上的法律，在黑帝斯身旁的是正義。」——[102]

不過黑帝斯也有容易被感動的脆弱一面。希臘神話中就有一則奧菲斯來到冥界，想帶回已逝妻子的故事。黑帝斯被奧菲斯的愛妻之心感動，有條件地同意了奧菲斯的要求。還有，俄里翁的兩個女兒犧牲自己守護波伊俄提亞，冥王憐憫她們而讓她們變成彗星。

另外，在自己唯一的神廟所在地厄里斯地方被英雄海格力斯侵略時，黑帝斯也為了守護厄里斯而現身地面，結果被海格力斯的箭射中，負傷撤回冥界。

一般都說黑帝斯鐵面無情，其實更也有令人感到意外的柔情一面，這也是黑帝斯的最大魅力之一。

[102] 楊布里科斯《畢達哥拉斯的生涯》第九章第46節。

名字	ΕΣΤΙΑ **海絲蒂亞** 女性
別名	（英）Hestia、（羅）維斯塔
主要職務（權能）	**火爐、保護家人、保護住家、** 保護國家、請願者、保護客人。

海絲蒂亞名言

「向宙斯發誓，我永遠是處女。」

（被波塞頓、阿波羅求婚時）

（她幾乎不說話。）

周圍對海絲蒂亞的評價

「沒有妳的地方，凡人就沒有盛宴。**因為盛上的第一杯美酒與最後一杯美酒，都必獻給妳。**」

（詩人）①

「擁有市政廳的海絲蒂亞呀！請走進妳的居室，走到妳光榮的錫杖旁邊。請愉悅地進來吧！」

（詩人）②

提供：Bridgeman Images/アフロ

眾多行徑誇張、高調地到處露臉的諸天神中，海絲蒂亞是唯一喜歡閉門不出的低調爐灶女神

奧林帕斯的諸神總是舉止莽撞，想做什麼就去做，經常製造麻煩，還緋聞滿天飛。海絲蒂亞卻是穩重的、不想離開爐灶前的女神。

但在所有的共同祭祀中，這位低調女神總是第一個被唱名享用供品的神。因為古代希臘社會是從圍著火的地方開始的，不管是在家裡、神廟中，還是都市裡，海絲蒂亞的爐火都在燃燒。從這一點來看，海絲蒂亞可以說是希臘最重要的神

外表
頭戴面紗，態度恭謹的女性。

●「滑潤的橄欖油經常從妳漂亮捲曲的頭髮滴下……」③

象徵、手持物（識別法）
火炬、水壺、拿著花、頭戴面紗。
【動物】豬、驢子。

海絲蒂亞是把「爐」擬人化的神。但即使喜歡擬人化的希臘人，也很少把「爐」完全擬人化，所以壺畫上沒有擬人化的「爐」。

【右】頭戴面紗的海絲蒂亞。

出生日	不明。
出生地	不明。
家族構成	父／克洛諾斯 母／瑞亞 朋友／荷米斯④
外號	普拉尼亞（議會場之神）、泊琉塔涅亞（坐鎮市政廳者）。
女性關係	—
男性關係	—（處女神）

維斯塔神殿（海絲蒂亞在羅馬以維斯塔之名受到崇拜）。

羅馬的維斯塔神殿

所有的維斯塔神殿都是圓形，並且入口向東。

在神殿中央的，是取代維斯塔神像的國家聖火之爐，守護爐火的是「維斯塔的處女」們，她們的任務就是不能讓爐火熄滅和守護純潔的誓言，沒能守住誓言時，就會受到鞭打的處罰。不過，她們也得到相對的權力，例如可以判決傷害她們身體的人死罪，也擁有釋放罪人的權力。

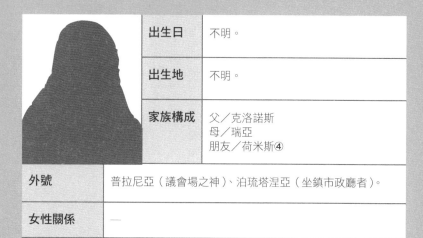

海絲蒂亞在希臘神話中的主要經歷

誕生	克洛諾斯的第一個孩子，但是一出生就被克洛諾斯吞進肚子裡。
成年期	・被宙斯救出時，由於逆著被父親克洛諾斯吞下肚的順序救出，所以反而是最後一個被救出來的。因此，在克洛諾斯六個孩子（海絲蒂亞、黑帝斯、狄蜜特、波塞頓、希拉、宙斯）的排行裡，她是最年長又最年輕的女神。
	・拒絕波塞頓與阿波羅的求婚，發誓永遠為處女。
	・後世有「由於海絲蒂亞的和善親切，便把奧林帕斯十二主神的地位讓給新人戴歐尼修斯」的說法。然而史料上卻找不到這樣的記載，只是從西元前五世紀開始，戴歐尼修斯便已取代海絲蒂亞，成為奧林帕斯十二主神之一，這一點是可以確定的。

※ 在院子裡睡覺時，豐饒之神普里阿普斯想侵犯她，幸好她即時醒來，也因此發明了家屋的建築術。
・海絲蒂亞因為是不會離開爐灶邊的女神，所以她和其他神不一樣，沒有特別引人注目的神話。

主要崇拜地與具有特徵性的禮儀

・比宙斯或其他天神更早接受到奉祀的供品。⑤

・海絲蒂亞的神廟雖然不多，但是位於每個家庭或所有神廟、各城市的中心爐子，就是禮拜她的地方。

・各城市的市政廳中都會安置一座不會熄滅的火爐，那是海絲蒂亞神聖之火的象徵。⑥

・建立新城市時的儀式
一座城市要建立新的殖民城時，會從母城的火爐取得聖火的火種，把母城的火傳遞到新的殖民城。

・奉祀海絲蒂亞供品通常是薰香、水或酒、橄欖、牛、豬。

① 《荷馬的諸神讚歌》「阿芙蘿黛蒂讚歌」（讚歌第五號）第 24 行。② 《荷馬的諸神讚歌》「海絲蒂亞讚歌」（讚歌第二十九號）第 5 行以下。③ 品達《勝利曲》涅墨亞勝利曲第十一歌第 1 行以下。④ 與荷米斯親近。《荷馬的諸神讚歌》「海絲蒂亞讚歌」（讚歌第二十九號）第 17 行。⑤ 意味著獻給海絲蒂亞的供奉從不斷絕。《荷馬的諸神讚歌》「海絲蒂亞讚歌」（讚歌第二十四號）第 3 行以下。⑥ 《荷馬的諸神讚歌》「海絲蒂亞讚歌」（讚歌第二十九號）。

「就從海絲蒂亞開始吧!」

在喜歡搶風頭,自我意識強烈的奧林帕斯諸神中,最低調也最樸素的便是爐灶女神海絲蒂亞。

她是宙斯的兄弟姊妹中最年長的一位,也是幾乎沒有神話的一位。與她有關的現存神話,似乎只有阿波羅與波塞頓[103]同時對她說:「海絲蒂亞,嫁給我吧!」這則向她求婚的神話。

那時的海絲蒂亞對他們說:「我不想和你們之中任何一位結婚。我會永遠獨身。」海絲蒂亞貫徹自己的處女宣言,讓阿波羅與波塞頓心碎了。

如此低調又樸素的她,在現實的世界裡想必會遭受無視吧!但事實卻不然,而且正好相反。在古代希臘舉行祭祀儀式時,第一個接受供品的神不是別人,正是海絲蒂亞。

「從海絲蒂亞開始」——這是古代希臘舉行祭儀時的上供規則。

[103] 德爾菲的阿波羅神諭所奉祀著阿波羅、波塞頓、海絲蒂亞等三神。原因是古代希臘人要建設殖民城之時,首先要向阿波羅請求神諭,指定建城之地,然後請求航海之神波塞頓護送入殖者能平安抵達入殖地,最後便是國家最初的火傳遞到入殖地的海絲蒂亞之爐。或許是因為這三位神祇與殖民城的建設關係特別深,所以才會有兩位男神向女神求婚的神話。

因為海絲蒂亞是極為古老的神，從很久以前的邁錫尼時代開始，國王宮室的房間中央總會有一座直徑四公尺的圓形矮火爐⑩。

進入古風時期後，那時雖然沒有國王了，但各城市都會有一座公共的大火爐，那裡是政治中心，是招待外國人的場所，也是從外國跑來尋求庇護的場所。為了防止爐中的火熄滅，很多城市還會派人輪流看守火爐。

火爐不僅是國家的中心，也是家庭的中心。家庭吃飯時，也一定要準備一點供品放在火爐旁邊，獻給海絲蒂亞。還有，家庭有小孩誕生時、有嫁娶時、有新的奴隸來時……，家庭有新的成員時，一定要在火爐前面舉行儀禮。

就像人會自然地聚集到溫暖的火爐旁邊一樣，爐灶女神海絲蒂亞是保護、看守各個城市、家庭的中心。因為她是諸神當中最穩重，能溫柔地保護人們的神。

⑩ 邁錫尼時代的國王居屋（中央大廳），中間有圓爐的痕跡。

當所有的海絲蒂亞之火熄滅時

海絲蒂亞不僅是都市或個人的中心，更是整個古代希臘的中心。

西元前四八〇年，各個希臘城市於波斯戰爭遭受侵略時，德爾菲的阿波羅就提出了以下的神諭：

「因為敵人波斯的關係，希臘的火被弄髒了，所有希臘的海絲蒂亞火會熄滅。到時必須到（希臘中心的）德爾菲的海絲蒂亞之爐取火種，把新的火傳遞到希臘全土。」

從這個故事可以知道：海絲蒂亞之火是所有城市、整個希臘的象徵。

在神話裡總是在火爐前面，哪裡也不去的樸實女神海絲蒂亞，其實是家庭、城市、古代希臘真實社會裡的世界中心，可謂極為重要的神。

但是，隨著時代前進，進入古代羅馬時代以降的時代後，神話被排除於宗教之外，變成文藝的一部分，海絲蒂亞的名字於是漸漸淡出了人們的耳際。

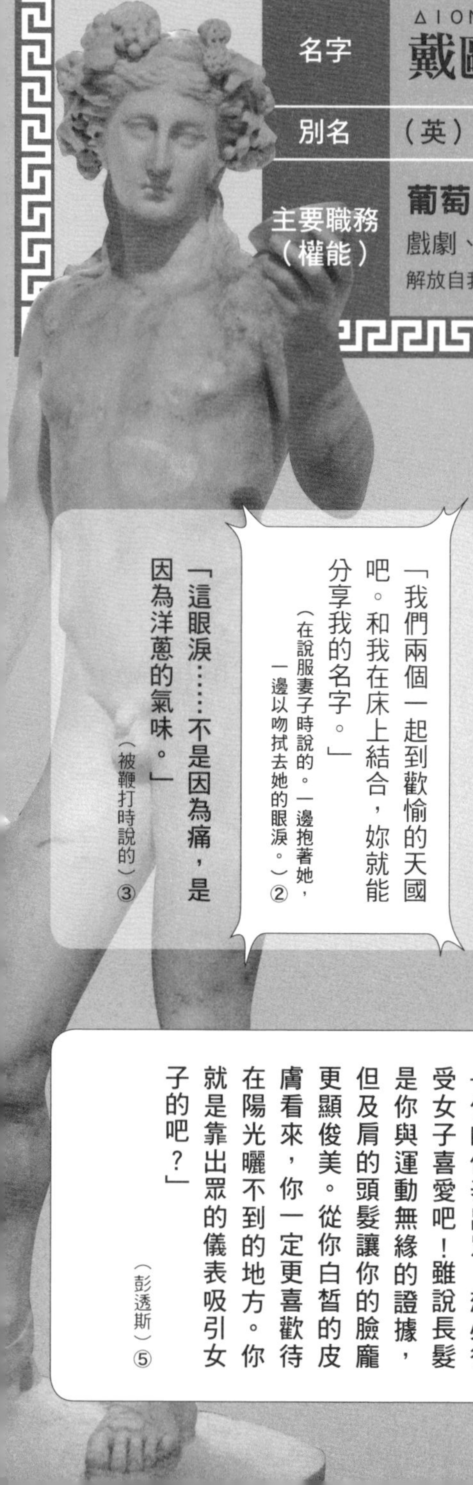

名字	ΔΙΟΝΥΣΟΣ **戴歐尼修斯** 男性
別名	（英）Dionysus、（羅）巴克斯
主要職務（權能）	**葡萄酒、陶醉、瘋狂、** 戲劇、野性、復活之神、 解放自我與本能，是超越境界的神。

戴歐尼修斯名言

「宙斯的兒子戴歐尼修斯是真正的神，**對凡人而言，我是無比溫和親切的神，也是無可比擬的恐怖神。」**（說完之後就是狂暴的行動）①

「我們兩個一起到歡愉的天國吧。和我在床上結合，妳就能分享我的名字。」（在說服妻子時說的。一邊抱著她，一邊以吻拭去她的眼淚。）②

「這眼淚……不是因為痛，是因為洋蔥的氣味。」（被鞭打時說的）③

周圍對戴歐尼修斯的評價

「不管是神還是人，都是最膽小的一個。」（戴歐尼修斯的隨從）④

「你的儀表出眾，想必很受女子喜愛吧！雖說長髮是你與運動無緣的證據，但及肩的頭髮讓你的臉龐更顯俊美。從你白皙的皮膚看來，你一定更喜歡待在陽光曬不到的地方。你就是靠出眾的儀表吸引女子的吧？」

（彭透斯）⑤

「最難講述」的酒與瘋狂之神——戴歐尼修斯

作為酒神，戴歐尼修斯給人的印象，便是在夜晚的熱鬧酒場喝得爛醉的模樣。但是這個戴歐尼修斯以前也是一個會撕裂凡人、以凡人為犧牲的神。

戴歐尼修斯是超越規範的神，是以酒、戲劇、性快感來解放人類自我的神。

他是奧林帕斯十二主神中最年輕的神，也是唯一一個母親是凡人的十二主神，但一開始的時候不僅不被承認是神，還被認作異端份子。戴歐尼修斯也是別名最多、最謎樣的神，所以古代人形容他是「最難講述」的神。

外表

有時是俊美的青年，有時是有鬍子的中年人。有女性般的獨特夢幻表情。有時頭上長著牛角。

經常被描繪成痛快喝得爛醉的模樣。

●「他有一頭濃密而像波浪起伏般的黑髮。魁梧的肩膀披掛著紫色長袍……」⑥

象徵、手持物（識別法）

豹皮、常春藤頭冠、酒神杖⑦。

【植物】樅樹、肉桂、常春藤植物、鷹嘴豆、無花果。

【動物】豹、山羊、驢子、海豚、蛇。

【左】騎著驢子的赫菲斯托斯與戴歐尼修斯。
【右】拿著酒杯的戴歐尼修斯像。

出生日	西元前 1500 年左右。⑧
出生地	不明（有說是多拉卡諾、伊卡洛斯、阿爾甫斯、底比斯（忒拜）等等，也有說是虛構的地點倪薩山。）⑨
家族構成	父／宙斯 母／塞墨勒（底比斯的公主，是凡人） 妻／阿里阿德涅（克里特的公主，一說她被英雄提修斯拋棄後，與戴歐尼修斯結合，也有人說是戴歐尼修斯從提修斯手中搶走阿里阿德涅。）
外號	**巴克斯赫菲斯托斯、戴梅托爾（出生兩次者）**、阿吾格西忒斯（帶動歡呼者）、雷納伊歐斯（榨酒者）、**布洛米歐斯（鳴神）**、艾歐洛摩爾弗斯（各種變身者）、穆利歐摩爾弗斯（千變萬化者）、琉西歐斯（解放者）、艾哥泊洛斯（山羊殺手）、安德洛泊萊斯托斯（殺人者）等等。
女性關係	**・亞樂** 像風一樣跑得很快的女性，戴歐尼修斯怎麼追也追不上，只能趁著她睡覺的時候與她結合。但是亞樂最後瘋了，撕裂了生下來的孩子。⑩ **・柏洛厄** 戴歐尼修斯與波塞頓都曾向她求婚。戴歐尼修斯被拒絕了⑪ 。 ・此外還有女神阿芙蘿黛蒂、尼可伊亞、帕勒涅等等。
男性關係	**・安珀羅斯** 想騎野生牛而死，他死後，戴歐尼修斯從他的血液創造出最早的葡萄樹。⑫ **・波呂摩諾斯** 戴歐尼修斯對波呂摩諾斯說：「告訴我前往冥界的路。」時，波呂摩諾斯要求與他做愛，戴歐尼修斯同意了。⑬

① 歐里庇得斯《酒神的女祭司》第 860 行以下。② Ovid, *Fasti* 3. 459 ff。③ 阿里斯托芬《蛙》第 657 行以下。④ 阿里斯托芬《蛙》第 487 行以下。⑤ 歐里庇得斯《酒神的女祭司》第 452 行以下。⑥《荷馬的諸神讚歌》「戴歐尼修斯讚歌」（讚歌第七號）第 5 行以下。⑦ 酒神杖是前端纏繞著常春藤，上面裝飾著松果的靈杖。原本是木頭做的這隻靈杖，被他的信徒在喝醉時拿去打架，結果打死了人，基於安全的考量，戴歐尼修斯便用彎曲的茴香稈來代替木頭（狄奧多羅斯《歷史叢書》第四卷第四章第 6 節。）⑧ 戴歐尼修斯被定義為最年輕的神。希羅多德《歷史》第二卷第 145 節。⑨《荷馬的諸神讚歌》「戴歐尼修斯讚歌」（讚歌第一號片段）第 5 行以下。⑩ Nonnus, *Dionysiaca* 48. 240 ff。⑪ Nonnus, *Dionysiaca* 42. 1 ff, ect。⑫ Ovid, Fasti 3. 407 ff。⑬ Clement of Alexandria, *Exhortation to the Greeks* 2. 30。

戴歐尼修斯在希臘神話中的主要經歷

6 個月的胎兒	．母親塞墨勒懷孕時中了希拉的奸計，被父親宙斯發射出的雷擊中而死。
6 個月～誕生	．父親宙斯把才六個月的胎兒戴歐尼修斯縫在自己的大腿內撫育。
誕生～幼兒期	．由於希拉的嫉妒，戴歐尼修斯被殺，身體被巨人族撕裂。阿波羅把他被撕裂的四肢集合起來，讓他復活。
幼兒期	．為了逃避希拉的監視，讓他穿著女子的衣服交給凡人父母撫養，但被希拉發現，讓凡人父母發狂。 ．為了躲避希拉的視線而變身為鹿，被荷米斯藏在倪薩山。
少年期	．創造葡萄樹，發明葡萄酒。但是又被希拉發現，希拉讓戴歐尼修斯瘋狂，在列國四處遊蕩。
青年期	．在列國宣告知道自己是神的身分後，戴歐尼修斯回到希臘，撕裂了不承認自己天神身分的凡人，終於讓全希臘承認自己是奧林帕斯的天神。 ．與阿里阿德涅結婚。 ．下冥界，把番石榴樹獻給冥王黑帝斯與冥后泊瑟芬，把已死的母親塞墨勒帶出冥界，讓塞墨勒以神的身分回到天界。 ．與巨人族戰鬥，用酒神杖殺死了巨人族的歐律托斯。

主要崇拜地與具有特徵性的禮儀

．一邊在山林間擊鼓，一邊活生生撕裂動物，以動物的血來祭祀，生食動物的肉。這種祭祀活動以女性為主，女性在儀式中會「嘿、呵」地大聲叫嚷。

．阿波羅聖域德爾菲的冬季看守者（參閱 200 頁）。

．大戴歐尼修斯節
雅典城。以神轎抬著象徵豐饒的巨大陽具在城內遊行。

埃皮達魯斯的古代劇場
據說戲劇從戴歐尼修斯節的祭典開始的。

「最難講述」的神

「巴克斯（戴歐尼修斯）」因為擁有「酒神」的身分，具有很高知名度，其痛快飲酒的模樣，經常成為葡萄酒商標上的圖案。

可是，西元前一世紀的歷史學者[105]卻是這麼說的：

「現在我們要敘述戴歐尼修斯。但是神話的解說者或詩人對戴歐尼修斯的描述內容，幾乎是各說各話，而且找不到任何依據。所以，要簡單扼要地敘述這位天神的一生，是不可能的事情。」

這西元前一世紀的歷史學者都這麼說了，兩千年後的我們現代人要如何敘述戴歐尼修斯事蹟才好呢？這實在是惱人至極的事情。不過，無論如何，最後還是要以最容易理解的方式，來敘述一下這位被黑暗謎團層層圍繞的天神的神話。

[105] 狄奧多羅斯《歷史叢書》。

最親切也最可怕的瘋狂之神

那時，最新的天神降臨希臘。信仰這位天神的女性們用手活生生地撕裂羊，喝羊血、生吃羊肉，並且配合鼓聲發出奇怪的聲音，在山裡瘋狂地舞動。

「發生了什麼事情呀！」古代希臘的施政者們當然對這種現象感到十分驚駭。

底比斯王彭透斯：「國內的女性們，為了那個戴歐什麼的新來天神正在瘋狂舞蹈！那傢伙說什麼他是宙斯的兒子、是偉大的神。根本是胡說八道！嘖！他們現在進行的活動就像熊熊燃燒的野火，簡直逼近我們了。——對希臘來說，這是多麼大的恥辱呀！」

彭透斯所說的新來的神，就是奧林帕斯十二主神中的最後一位，也就是酒與瘋狂的戲劇之神戴歐尼修斯（巴克斯[106]）。

開始的時候，古代希臘人並不承認戴歐尼修斯是神，也會迫害他的崇

[106]「巴克斯」是戴歐尼修斯別名之一。因為這樣的名字比較容易叫喚，所以羅馬時代便稱戴歐尼修斯為「巴克斯」。

拜者。但是，戴歐尼修斯在經歷過流浪列國，讓人們遵從自己的指導，接著回到底比斯後，這麼說了。

戴歐尼修斯：「亞洲列國已經遵從我的教導了，為什麼我還要回來底比斯呢？因為我要向人們展示我的神威。底比斯王彭透斯不承認我是神，不供奉我，也不膜拜我！但我是宙斯的兒子戴歐尼修斯，是真正的神。我要讓底比斯王彭透斯徹底知道，我是對人們無比親切的神，也是他從來沒有見過的可怕的神……」

就這樣，以前一直遭受到迫害的神——戴歐尼修斯，展開了報復迫害的復仇劇。

戴歐尼修斯：「看著我如何報復彭透斯吧！首先，先讓他失去正常的思想，讓他有點瘋狂，他會自己產生想穿女裝的想法。一直以來總是威脅著我的彭透斯將會穿上女裝，被帶上街，成為底比斯的笑柄……。我也想看他穿著女裝的樣子。但是，我不會這樣就罷手了，因為我還要看著他的身體被他的母親撕裂，並且墜入地獄。」

107 被戴歐尼修斯的女祭司們撕裂的彭透斯。

108 戴歐尼修斯亦是戲劇之神。所以在喜劇中可以看到如此有趣的一面。

有一次，戴歐尼修斯偷偷潛

戴歐尼修斯按著自己所說的進行[107]。他也讓希臘境內所有反對自己的人瘋狂，悲慘地被撕裂，以殘酷的手段宣告自己是神。最後，他終於成為榮耀的奧林帕斯十二主神之一。

戴歐尼修斯是關係到酒與酩酊大醉、瘋狂與自我、裝扮與假面、戲劇性的虛擬世界與死後世界的神[108]。也就是說：他是超越規範、釋放自我的神。還有，就像我們所知的他被迫害的神話般，他也是挑戰社會秩序的神。因此，在以宙斯為中心所建立起來的秩序信仰體系社會裡，他成為了古代希臘人開始時感到害怕與迫害的對象。

戴歐尼修斯是男性，他的形象有時是年輕英俊的美少年，有時是挺著啤酒肚的胖胖中年大叔，有時也長著宛如女性般的外表。他是奧林帕斯十二主神中的最後一位，但卻也是和宙斯同樣古老的希臘天神。關於他的誕生地有很多說法，他也是別名、綽號最多的天神。戴歐尼修斯名字的前半戴歐（dio-）是希臘語，後半（-nysos）屬於異國音。他違反希臘神話「神

入冥界，被冥界的守衛發現，戴歐尼修斯竟然被守衛威脅的話「要把你的內臟全部拉出來撕爛」，給嚇得屁滾尿流。

戴歐尼修斯：「哇……好可怕！我的大便都跑出來了……給我海綿（相當於衛生紙）。」

隨從：「真是的……和你一起來真丟臉。不管是神還是人，都是最膽小的一個。」

戴歐尼修斯：「什麼？我哪裡膽小了？其他男人的話，大概會被嚇得口吐白沫一命嗚呼了。我只是嚇出屎而已，不僅意識清醒地跟你要衛生紙，還能自己擦屁股。這不是很勇敢嗎？」

隨從：「是，是，很勇敢。」

（阿里斯托芬《蛙》。戲劇之神戴歐尼修斯為了想見已死的悲劇作家而跑去冥界。）

不會死」的定律，死過好幾次；他的母親是凡人，這也和其他的天神不一樣。

這樣的戴歐尼修斯確實是希臘眾神中最難被理解，也最像謎一般的神，就如同前面說的：「神話的解說者或詩人對戴歐尼修斯的描述內容，幾乎是各說各話，而且找不到任何依據。」

誰是位於世界中心的神？

就像在本篇諸神之章中，第一位介紹阿波羅、最後介紹戴歐尼修斯一樣，現代的我們經常使用「阿波羅式／戴歐尼修斯式」之類的用語，來表現兩極對立的狀態。

查看字典，戴歐尼修斯式（Dionysian）含有「陶醉的、忘我的、無秩序的、脫軌的、直覺的」的意思，與阿波羅式（Apollonian）含有「理性

109 還是孩子時的戴歐尼修斯飽受迫害，落入巨人族的陷阱，被撕裂、分屍了，是阿波羅收集起他被分散的四肢，給他做了一個墳墓。此外，成為阿波羅的代名詞的預言能力，其實是戴歐尼修斯讓給阿波羅的。「最初在德爾菲下達神諭的是黑夜女神倪克斯，後來是法律女神忒彌斯接棒下達神諭。之後大蛇皮同佔領神諭所時，第一個坐上三足鼎的是戴歐尼修斯。」對品達《皮西安勝利曲》的古註。

中所有節制、有秩序的事物」的意思，可見這兩個用語互為反義詞。這兩個用語在十九世紀哲學家尼采的使用下，讓人以為理性阿波羅與瘋狂戴歐尼修斯兩者的關係似乎很險惡。

可是，古代希臘人可不認為這兩位神的關係險惡，反而認為他們的交情特別好[109]。

由於阿波羅在每年的冬天都要從希臘前往極北的許珀耳玻瑞亞度假，所以就請戴歐尼修斯來代管他的德爾菲神域[110]，而德爾菲聖域號稱是世界的中心。從這一點看來，阿波羅與戴歐尼修斯的地位不是上下關係，而是完全平等的。

雖然不管是哪本觀光導遊書，都寫著「世界遺產德爾菲是阿波羅的神域」，但事實上戴歐尼修斯也是這個神域的一半主人。

理性、秩序、光明的阿波羅，與瘋狂、混沌、忘我的戴歐尼修斯，看起來個性完全相反的兩位天神卻共享世界中心的神殿。這就是希臘神話及希臘諸神的有趣之處。

德爾菲的神殿。

[110] 表示德爾菲是世界中心的石頭。

3 諸神結束後的世界

至今不褪色的諸神風貌

西元三一三年基督教正式成為國家宗教，於是以前神話裡的諸神成為被攻擊的對象，諸神的大理石神像被綁上繩索，拖出去打碎成為灰泥的材料；青銅神像則被抬出廣場，成為曾經信仰那些神的民眾戲謔的目標（優西比烏《君士坦丁誌》）。

到了西元三九三年，羅馬帝國更發佈了破壞國內異教神廟、聖域、聖物的命令，已經有一千年歷史的奧林匹克競技比賽也遭禁止，還留有希臘神話諸神的場所，變成只存在於感傷的故事之中。這也是我們所熟知的希臘神話的模樣。

「古代希臘人真的信仰這麼凡人味的神嗎？阿波羅一直被女性拋棄，一點也沒有神的樣子呀！」——很多人一開始都會有這樣的疑問吧？然而，那其實不是古代希臘神的真實模樣。在阿波羅被烙上「駕著馬車飛上天空的太陽神」，或「多情的花花公子」的印記之前，可是曾經數次拯救了希臘，能夠定義歷史的偉大神諭之神。

所謂的古代希臘人，就是想著「沒有人奉祀供品給神的話，神也會餓死」的人，因此，當再也沒有人相信希臘神話的時候，或許諸神也就死了。

然而事實並非如此，因為儘管地面上的神廟已經全部不存在了，諸神的故事世界卻可以說仍然活躍於現代當中。**這兩千年裡，不是誕生了不計其數來自希臘神話的作品嗎？**波提且利、莫札特、魯本斯等人，都留下了許多以神話中的眾神為題材的作品。

不，希臘神話裡的諸神不只存在於故事裡。抬頭看看吧，即使在我們的真實世界，希臘神話同樣豐富了我們的天空，酒神戴歐尼修斯也活躍在葡萄酒的標籤上。還有、還有，看到美麗的女性時，我們會用「維納斯」來形容她，人類首次登陸月球的太空船，也以古代希臘駕著馬車的光明之神為名。

古代希臘的人們所愛的眾神，在經過了兩千年後的現代，依然是非常有魅力的存在。

第3章

古代希臘人的心理狀態

1 工作觀與人性

螞蟻和蚱蜢誰更具「人性」？

某一個地方住著螞蟻與蟋蟀。夏天的時候，螞蟻總是非常勤奮地蒐集食物，但蟋蟀卻什麼也不做，整天只知道唱歌與遊戲。可是，冬天來了，沒有儲存食物的蟋蟀難耐飢餓而去求螞蟻：「螞蟻先生，我錯了，以後我一定會好好工作。請你分一點食物給我吧！」蟋蟀下決心，從此以後將認真地工作。

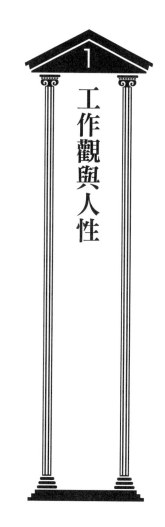

這是伊索寓言裡的〈螞蟻與蟋蟀〉，幾乎是所有人都聽說過的童話。這則故事給我們一個偉大的教訓，讓我們從小銘記在心，那個教訓就是「我們要向螞蟻學習」。這則童話讚美勞動，讓我們深信「隨時做準備以防萬一」、「有備無患」是真理。

不過，這則童話有個「原始版本」。**伊索寓言的作者伊索是古代希臘人，在伊索寓言❶裡，這則故事的原本標題是〈螞蟻與蟬〉❷**。其他的寓言集中，關於螞蟻有以下的說法：

螞蟻原本是人類，並且是一個認真勤勞的農人，但是他努力工作的所得卻滿足不了他，還想要得到別人的東西，經常去偷竊鄰人的收穫。他的貪婪惹怒了宙斯，於是把他變成螞蟻。但是，變成了螞蟻的這個凡人習性不改，整天在田地裡忙進忙出，把別人種出來的大麥、小麥偷偷搬回自己的巢穴藏起來。（《伊索寓言集》第166話）

❶伊索是個謎樣人物，據說是西元前六世紀的人物，但也難以確定是否真有此人。

❷蟬是夏天的代表性物種，但卻不是生息於歐洲的物種，所以這個故事流傳到歐洲時，故事標題就從「螞蟻與蟬」，改變成「螞蟻與蟋蟀」。不過對日本人來說，日本和古代的希臘一樣，夏天時候也有一直在「唱歌」的昆蟲，最先想到的當然就是「蟬」了。「蟬」在古代希臘是形象不錯的昆蟲（參閱258頁）。

某個冬天，飢寒交迫的蟬（蟋蟀）來請求螞蟻：「可以分一點食物給我嗎？」

「蟬呀，你可以告訴我，整個夏天你都在做什麼嗎？」螞蟻說。

「我沒有偷懶。整個夏天我都很認真地在唱歌。唱歌就是我的工作。」

「哈、哈、哈，那麼冬天的時候你乾脆跳舞不就好了嗎？」（《伊索寓言集》❸第373話）

由此可見在古老版本的伊索寓言故事中，螞蟻給人的印象沒有多好。對自己已經擁有的感到不滿足，夏天的時候也孜孜不倦地工作著，卻對即將餓死的乞求者不屑一顧。古老版本的故事裡若有似無地批判了螞蟻的作為。

對我們來說，這則故事給我們的啟發是：勤勞是美德，我們應該向螞蟻學習。但對古代希臘人來說，這則故事給人們的教訓是：不要成為只知道工作，卻冷酷又小氣的螞蟻（當然，成為不知未雨綢繆的蟬或蟋蟀那樣，

❸〈螞蟻與蟬〉有許多不同版本的結局。

也是不行的。這一點古代希臘人和現代人的觀點頗一致）。

這則故事充分地表現了古代希臘人的工作觀，那就是：**工作不是美德，若不自己工作賺錢就不能生活，在古代希臘是可恥的事情**。

人，就必須有滿滿的自由時間

「最近工作如何？」「現在的公司好嗎？」「薪水滿意嗎？」等等。現代社會的人在見到許久不見的老朋友時，與老朋友聚餐喝酒敘舊時，經常會出現上述那樣的問話。古代希臘的一般市民遇到這種情況時，會這樣回答：「為了填飽肚皮工作，是可恥的事情，比受人僱用或當奴隸更糟糕。」

因為我們從小被教導「勤勞是美德」、「不工作就不可以吃」，所以偷懶一下、或對工作怠惰了，就會深感罪惡。古代希臘卻和現在的我們完全相反，他們認為勞動工作不是人應該做的事……如果一般人沒有閒暇時間、不能輕鬆地過日子，只為了賺一口飯吃而辛勤工作，那才是最可恥的事情。

對古代一般市民而言，**「為了活著而工作」**❹**、「為了吃一口飯而工作」、「為了得到報酬而工作」，都是不名譽的事情**。

聽到這種說法，恐會心生「真的嗎？那我現在就想辭職去古代希臘！我也要像蟋蟀那樣一整年都在唱歌、跳舞」的想法。可是別忘了一件事，市民能夠過著有閒暇的日子，只因為存在著一批支持他們過悠閒生活、更非工作不可的奴隸❺。

一般的古代希臘雅典市民都擁有二至四個奴隸❻，所以不需要自己工作。因此，沒有奴隸而必須自己工作的人，自然成為被輕蔑的對象。沒錯，「文明人是不工作的，因為工作是奴隸的事」，這正是古代希臘一般市民的想法。

雖然說幾乎所有的奴隸都是從外國買來的，但是一般市民也有可能因為戰爭被俘虜、或被海盜擄走、被賣到外國等等原因，而淪落為奴隸。

❹農業在古代希臘是最被尊敬的職業，商人和手工業者被視為低等職業。藝術家之類的職業，因為是使用手（身體）來工作的，所以也是被輕視的對象。

❺奴隸是「會說話的工具」，也是「活的財產」，不能被視為人。所以在數奴隸的多寡時，不是說「男奴隸一人」、「女奴隸二人」，而是說「男奴隸一具」、「女奴隸二具」。所有以身體勞動來進行的事情，舉凡打掃、洗濯等家務勞動，和手工業及種種生產活動，都是讓奴隸去做。

❻越有錢的市民，就擁有越多奴隸。也有市民甚至擁有120名奴隸在工廠工作。沒有奴隸的人只好自己工作，這樣的市民當然是窮人。

看到這裡，就會覺得「雖然羨慕古代希臘市民不需要工作，可是萬一淪落成奴隸，那麼要做的工作之多，恐怕百倍於加班也拿不到加班費的現在日本企業戰士」。不過，依古代希臘人的說法，「一個人受僱於另外一個人而工作，是比變成奴隸更糟的事情。因為受僱與成為奴隸不同，必須擔心被解僱的問題，所以過著不夠安定的生活。」或許在古代希臘人眼中，企業裡任職員工的地位，恐怕還不如奴隸。

「基本上週休七天、零工時的**古代希臘市民，平日裡做什麼事呢？」**答**案是「schole」**，這個字翻譯起來有「自由時間」、「空閒」、「閒暇」、「餘暇」、「娛樂時間」……的意思，也就是享受悠閒。

古代希臘人幾乎沒有「浪費時間」的概念。**包括發呆的時間、與人說話的時間等可以絕對任意使用的時間，是過文明生活的必要條件。**

哲學家亞里斯多德說「人因為是人，所以『閒暇』比工作更重要」❼，進而把閒暇投入政治性的行為、做學問、研究哲學。在古代希臘時期，哲學這門學問已經有了高度的發展。但如果沒有某種程度的閒暇時

❼亞里斯多德《政治學》。

間，便無法去思考「何謂美」、「何謂人」這樣的問題。如果明天就是交貨日，恐怕任何人都沒空去進行「部長，什麼是人？」、「嗯，你的問題很好。我認為所謂的人就是萬物的尺度」……這樣的討論問答吧！

對古代希臘人來說，所有人類性的文明活動，都是「閒暇時間」的產物。因為有閒暇的時間，人才會開始學習、思考……所以**英語中「學校（school）」這個字的語源，便是來自古代希臘語表示「閒暇」的「schole」**。

2 時間感與宗教觀

讓月亮女神憤怒發狂的古代希臘曆

「那麼，一月二十九日就約在澀谷的忠犬八公像前見面吧！」這句相約見面的話，或許會讓現在的我們抱怨：「什麼？那麼冷的天還約在外頭見面？」但抱怨歸抱怨，大家最終還是會去忠犬八公銅像前集合。

不過，如果是古代希臘人的話，住在雅典城的人會約在盛夏七月初一那天，住在斯巴達的人會約在九月初一那天見面吧！對雅典市民來說「一月（一年的第一個月份）」是從夏天開始的，而斯巴達的一月是從秋天開始的。

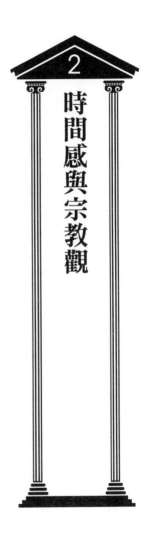

古代希臘沒有統一的曆制❽、年號、月份說法，更沒有統一的「一年之始」。舉例來說，就像東京都的都民與大阪府的府民使用的是完全不同的曆制。

還有，古代希臘不像現在我們通用的太陽曆，用的是以月亮盈虧為基準的「太陰曆」，以新月的第一天到下一次新月的第一天為一個月，一年有十二個月。「上弦月的日子一定是每月的第七天，滿月的日子一定是第十五天，所以只要看月亮就知道是什麼日子，非常簡單方便。」但是呢，話雖如此，大家也都知道月亮的盈虧週期是２９．５日，以這個數字來計算的話，一年十二個月只有３５４天。如此一來，和我們都知道的地球繞太陽一圈的３６５天，有十一天的差距。

「咦？我們使用的曆制怎麼漸漸不準了？」雅典人也注意到這一點了。於是當錯開的差距越來越大時，便隨機地置入「閏月」，來化解曆制與實際天數的差距，這時一年便有十三個月。然而置入閏月的方式，卻經常出現混淆不清的狀況。西元前四三〇年左右，喜劇作家對曆制的混亂情形，做

❽到了西元前三世紀，古代希臘終於進入「不管怎樣，希臘應該有一套全希臘統一使用的曆制」的階段。於是以西元前七七六年，第一次舉辦古代希臘奧林匹克競技賽的那一年為元年，用「奧林匹克紀」作為年號，並以四年為一個單位，一年之始是夏天。

按照「奧林匹克紀」，西元二〇一五年的上半年是「第698奧林匹克紀的第二年」，下半年是「第698奧林匹克紀的第三年」。

了以下的敘述：

「各位，月亮女神⑨發怒了！說你們雅典人老是不遵守月亮決定的日子，使得許多預定的事情全亂掉了。不按照天上諸神決定的祭儀之日舉行奉祀，諸神因此得不到奉祀之物，大家都生氣了！這次月亮女神大發雷霆了，她說：『我的食物呢？我在祭壇前等了又等，就是等不到人們獻上的食物供品！我的祭儀之日被錯過了嗎？』……

「各位呀！生活的日期不以月亮為基準的話，是會出亂子的！」

（阿里斯托芬《雲》第616行以下）

就像這樣，古代希臘的曆制經常出現混亂，也非常不明確。因此，古代希臘的歷史學者們便以「○○執政那年的夏天」、或「在奧林匹克競技賽，來自○○市的●●第二次獲勝的那年冬天」等等的說法，來迴避無法明確說明日期的困擾。⑩

⑨月亮女神塞勒涅。

⑩古代希臘人的一天也是二十四小時，分割為太陽出來的十二小時和夜晚的十二小時，但是季節變化會影響太陽出來的時間，每個小時的長度就會跟著產生變化。為了知道「正確的時間」，除了去看水鐘外，別無他法。水鐘有現在的「鈔錶」功能，可以藉由水滴下來的量，正確地推測出經過時間。

■雅典曆之一年與主要節日

<table>
<tr>
<td>薩爾格里昂月(Thargelion)(薩爾格里亞節之月)
6日、7日是阿提密斯與阿波羅的誕生節(把兩名罪人推下崖,以此儀式清淨市區)。</td>
<td colspan="2">斯基弗羅里昂月(Skirophorion)(持傘節之月)
當月的12日是持傘節。比賽活動的勝利者可以獲得獻酒給雅典娜女神的權利。</td>
<td colspan="2">赫卡托姆拜昂月(Hekatombaion)(百牛犧牲之月)
15日、17日是雅典娜建國節。27~29日是雅典娜的誕生節。</td>
<td>麥塔格特尼昂月(Metageitnion)(更換鄰居月)
7日是更換鄰居的阿波羅節(與政治、外交有關的節日)。</td>
</tr>
<tr>
<td rowspan="2">穆尼基昂月(Mounychion)(穆尼基亞節之月)
16日、17日是穆尼基亞節(阿提密斯的節日,少女們會在晚上裸舞)。</td>
<td>5月~6月</td>
<td>6月~7月</td>
<td>7月~8月</td>
<td>8月~9月</td>
<td rowspan="2">波德羅米昂月(Boedromion)(為求助而奔波之月)
15日~21日是厄琉西斯祕儀之日。</td>
</tr>
<tr>
<td>4月~5月</td>
<td colspan="2" rowspan="2">(內側是現代曆)</td>
<td>9月~10月</td>
</tr>
<tr>
<td rowspan="2">愛拉斐波里昂月(Elaphebolion)(獵鹿節之月)
6日是愛拉斐波里亞節(獵鹿射箭比賽),9日~14日是大酒神節(舉行戲劇比賽)。</td>
<td>3月~4月</td>
<td>10月~11月</td>
<td rowspan="2">普亞諾普西昂月(Pyanopsion)(煮豆之月)
8日是戴歐尼修斯的結婚紀念節,9日~14日是忒斯摩福拉節。</td>
</tr>
<tr>
<td>2月~3月</td>
<td>1月~2月</td>
<td>12月~1月</td>
<td>11月~12月</td>
</tr>
<tr>
<td>安特斯特里昂月(Anthesterion)(百花節月)
11日~13日是百花節(慶祝春天來到)。</td>
<td colspan="2">伽米里昂月(Gamelion)(嫁娶之月)
27日是宙斯與希拉的結婚紀念日。</td>
<td colspan="2">波塞德昂月(Posideion)(波塞頓之月)
13日是小酒神節。26日是哈洛亞節(感謝大地賜予豐饒的節日)。</td>
<td>麥馬克特里昂月(Maimakterion)(暴風雨之月)
20日是帶來暴風雨的宙斯之節(祈求不會有嚴寒的冬天)。</td>
</tr>
<tr>
<td></td>
<td colspan="2"></td>
<td colspan="2">第十三個月⑪
一年中的第二波塞德里昂月(Posideion deuteros)
閏月。當與太陽曆的差距變大時,隨機置入的月份。</td>
<td></td>
</tr>
</table>

⑪第十三個月就是閏月,可以隨機置入一年中任何兩個月之間。

■雅典曆的第一個月　Hekatombaion 月

1	2 獻供給善神之靈。	3 雅典娜出生。	4 荷米斯的月生日，獻供給阿芙蘿黛蒂。	5	6 阿提密斯的月生日。	7（上弦月） 阿波羅的月生日。 ＊1
8 獻供給波塞頓。	9	10	11	12 獻供給農耕神克洛諾斯	13	14
15（滿月） 建國紀念日。＊2	16 建國紀念日。	17	18	19	20	21
22	23	24	25	26	27 女神雅典娜的誕生節。	28 女神雅典娜的誕生節。
29（新月） 獻供給冥界諸神。 ＊3						

＊1「月生日」是每個月的這一天都是生日。
＊2「建國紀念日」是指雅典城市的建國紀念日。
＊3 每個月的最後一至三日，是奉祀冥界諸神的日子。這也是每個月都要進行供奉的活動。

這個月有建國紀念日或女神雅典娜的生日。不過，古雅典人只記錄日期，不記錄「幾周年」，也就是說不記錄「從什麼時候開始」。若問為什麼會這樣，原因就在於許多城市的市民都認為「我們的城市比周圍的其他城市更古老」，並且處心積慮地強調「我的城市比較古老」。

另外，如果能夠證明「這塊土地原本就是我們的」，在國境發生領土問題時，就可以站於有利的位置（類似現在的領土問題）。所以「從什麼時候開始」，並不是重要的事情。

古代希臘人預言的世界滅亡日

「以前很好的啊，和那時比起來，現在……」、「世界正在變壞中」。我們經常如此發著牢騷，而兩千八百年前的古代希臘人，也和現在的我們說著相同的話。

「現在的世界是黑鐵族的時代。眾神給這個種族播下了過度操勞的種子。」（赫西俄德《工作與時日》第１７４行以下。鐵族是排在黃金族、白銀族、青銅族、英雄族之後的第五個種族，是比前四個種族低劣的種族）。

古代希臘人認為地球⓬整體正逐漸衰敗，走向破滅之道。

這個說法的根據便是：「和以前比起來，人類的身形縮小了，很明顯

⓬古代希臘人在西元前五世紀就知道大地是個球體；西元前三世紀就已經幾乎正確

的，人類的品質越來越低下了。」

古代希臘男性的平均身高是一六五公分，比現代人矮，但是偉大的過去（希臘神話中的）英雄們的身高、體型，卻被認為遠比現代人高大強壯。「兩名現代男子合力都抬不起來的大石頭，英雄狄俄墨德斯獨自一人就可以輕鬆拿起來把玩。」（《伊利亞德》第五歌第３０５行以下）。

還有，當時的英雄帕修斯的鞋子，或英雄海格力斯的腳，據說有兩肘長⓭（約九十公分）（希羅多德《歷史》第二卷第91節、第四卷第82節）。現代男性鞋子的平均大小是二十七公分，反算回去的話，不管是珀耳修斯還是海格力斯，應該都是身高五公尺的巨人了。

因此，古代希臘人才認為世界逐漸衰敗，人類越來越矮，人類的體質也越來越差。

那麼，古代希臘人所想像的「世界末日」，是什麼樣子呢？地球毀滅時，會發生什麼事呢？

現代人的我們所想像的「地球毀滅」的成因，可能是天空降下大量隕

地算出地球一周的長度了。

還有，最早發現地球是圓的的人，據說是畢達哥拉斯，數學課本裡的「勾股定律」，也稱為「畢達哥拉斯定律」。

又，亞里斯多德寫過這樣的一段話：「月蝕時，映在月面上的大地影子是圓的。而且稍微往南移動時，就能看到不一樣的星座，由此可以知道地球是圓的，而且不是太大的球形體……」（《關於天》）。

⓭一肘約47公分。

石，或冰河時期突然降臨等等無法避免的天災；抑或是大規模的核子戰爭讓地面變成了灰燼……，這是因為人類技術的進步而造成的地球毀滅。不知最後讓地球毀滅的原因到底是什麼，但希臘人所想的「世界末日」，卻是這樣的：

「父親不懂孩子的心，孩子也不懂父親的心；客人與主人間、朋友與朋友間意見不一致；兄弟姊妹的關係不再像從前那麼親密。年紀大了的父母，被子女冷淡對待，甚至謾罵、責備，子女不報答年邁雙親的養育之恩。待強者成為思想正確者時，國與國之間的互侵之日就會來到。力量變成正義，「知恥」的美德消失了。……世界變成那樣時，人類就只剩下悲慘的苦惱，失去了防禦災難的方法。」⓮

⓮赫西俄德《工作與時日》日本松平千秋譯版第181行以下的部分意譯。

沒錯，**對古代希臘人來說，所謂的末日並不是由自然災害引起，也不是技術進步的後果，而是人心失去道德倫理的關係。**

戰爭是有季節限定的每年例行公事

戰爭是什麼？「戰爭是會讓很多人死亡，而且不知道什麼時候會結束的悲慘之事。」對現代的我們來說，戰爭給我們的印象或許就是這樣。

但是，對古代希臘人而言，**城邦之間的戰爭，就像只會發生在夏天的每年例行公事。**夏天是農閒期，是人們最空閒的時候⑮，在糧食不足的情況下，於是產生了「好吧，或許和隔壁打場戰能夠有所收穫，搶到食物」的念頭。所以**古代希臘只有在夏天的時候打仗**，而創下最長時間紀錄的戰爭，就是四十天左右的斯巴達戰爭。

夏天開始戰爭，一旦進入秋天，戰士們便慌張了，因為「啊！糟糕，

⑮不管是有奴隸努力為自己的農地工作的富商市民，還是必須自己下田工作的貧窮民，大多數希臘人都是務農，所以農作行事曆成為生活的主軸。

已經秋天，必須回去採收家裡的葡萄了」，於是像喊「解散吧」、「明年再繼續」，戰爭也就這樣結束了。另外，一場戰爭的死傷人數不會超過一成，因為人為了搶奪食物的戰爭而死，是本末倒置的事⑯。

就這樣，古代希臘城邦之間經常每年都會發生戰事。不過，也有希臘以外的國家攻打希臘的戰爭，例如西元前五世紀的「波斯戰爭」。這是世界史教科書裡也提到的有名戰爭。西元前五世紀，波斯帝國攻打希臘城邦，但最後由希臘聯合軍隊戰勝了。

這場戰爭經常以「波斯對希臘的戰爭！是歐洲從亞洲的獨裁專制君主手中取得勝利，值得紀念的戰爭」的形式，介紹給世人。所以一般人對這場戰爭的印象是「一盤散沙的希臘各城邦終於合作起來，聯手戰勝了波斯」。但事實上，希臘本土七百多個城邦中，只有三十一個城市參與了這次對抗波斯的戰爭⑰。七百分之三十一！也就是說，僅僅只有4%的城市在對抗波斯。如此說來，比起對抗波斯的希臘人，投入戰爭的波斯人更多。

⑯古代希臘戰爭具有以下的限制事項：
1.禁止奇襲與不宣而戰。
2.禁止夜間攻擊及戰爭期間（夏季）以外的戰爭行為。
3.限制追擊。限制追打敗軍的時間與地點。
4.禁止加害傳令者等非戰鬥人員。
5.禁止佔領宗教設施（例如神廟、聖地）。
6.禁止使用會飛的武器（例如弓箭或投石）。

⑰三十一個城市聯手對抗波斯的理由是「為了自由」，也有很多是為了「一直以來的鄰近仇敵城邦的人投入了波斯陣營」。例如福基斯人因為討厭的鄰城色薩利人親近波

古代希臘的「神」與「宗教」無關

有些西方人說：「日本人比我們歐洲人更像古代希臘人。日本人會在新的一年之始去廟裡參拜，也會在七五三節日去神社、在教會舉行結婚典禮、在寺院裡舉行喪禮；古代希臘人則是生產時要奉祀阿提密斯、結婚時要禮拜希拉、辦喪事時要獻供品給黑帝斯。」

不少日本人對上述話語的想法是：「不，其實我沒有什麼特別的宗教信仰，」或認為「那不是信仰的問題……」

偏偏這樣的想法正是和古代希臘人最相似之處。

話說回來，古代希臘語裡根本沒有「宗教」一詞⑱**，對古代希臘人來說，向神請願、祈禱，舉行奉祀神明的儀式等等，是繼承自父祖輩的習慣。**

很多日本人在被問「有信仰什麼宗教嗎？」時回答「沒有」，卻在被問「會去掃墓嗎？過年時會去廟裡去拜拜嗎？」時回答「會」。

古代希臘人也和日本人一樣，他們**認為「實踐（儀式）比信仰」更重**

斯，所以加入希臘聯合軍。同樣的，阿爾戈斯人因為不喜歡站在希臘這邊的斯巴達人，所以成為波斯的盟友。這種情形完全是「敵人的敵人，就是盟友」的寫照。

⑱英語的「religion」（宗教）來自拉丁文的religio（再聯結）。日本話的「宗教」是十九世紀時從英語的「religion」翻譯過來的。

要。在沒有宗教信仰的情況下，日本人還是會在過年的時候去廟裡拜拜，會在中元節的時候去掃墓，會認真地舉行女兒節儀式、參與五月傳統節日活動，也會在家裡的神壇前供奉祭品。日本人的這些行動，在古代希臘人眼中便是「崇敬禮拜神」的表現。就這一點來說，難怪重視基督教教義、看重信仰虔誠度的歐洲人會認為「日本人很像古代希臘人」。

不過，從另一方面來說，古代希臘人雖然總是把神放在心上，但也有**「如果不按照正式程序來禮拜神明的話，神明就不會回應」**的想法。

所以這裡要介紹一下向古代希臘諸神祈求的正式步驟。

〔正式儀式的步驟〕

1. 選擇一位適當的神。因為每位神各有擅長的領域，所以應該選擇一位最能為你解決目前煩惱的神、或覺得對自己最好的神，以那位神為祈求的對象。例如生病的時候就要找醫神阿斯克勒庇厄斯。
2. 以水淨身，以硫磺淨場（像日本神社的洗手、洗臉）。

⓳不會有跪下的動作，因為下跪是用來呼喚在地下冥界之神用的儀式，是法師、巫師的動作。

⓴敘拉古山的二樓建祭壇。這裡舉行過百牛犧牲（以大

3. 舉起右手，直立不動⑲。

4. 大聲呼叫神的名字，例如大聲地喊「阿波羅神呀」。只在心裡默唸神的名字，神是聽不到的。

5. 在呼叫神的時候，也要向神報告自己的事情。

・自己與神的關係（例如：我的祖先是您喜愛的○○）。

・自己過去對神做過多少好的事情（例如：我就是去年奉獻給您許多供品的人，您應該會記得吧等等）。

6. 具體地向神說明自己的心願。

7. 之後，把供品放在祭壇上⑳（獻酒，或獻上食物，最佳的供品是動物的血）。

8. 如果當場沒有辦法準備供品時，要做出承諾，對神說「如果能得到神的幫助，事後定會獻上○○」。

待確實地完成了上述的步驟，神心情好的話，就會實現祈求者的願望

量牛隻為犧牲）的儀式。從前面階梯把牛抬上去，燒烤剖開腹部的牛，燒烤的煙從二樓區域往天上飄，奉獻給天上的神，留在一樓的烤肉可供地面上的凡人食用。要奉祀天上諸神時，就像煙要上升到空中般，祭壇要設在高處；禮拜地下神祇時，祭壇位置就會在低處，或是地下洞穴。祭祀英雄時的祭壇和禮拜地下神祇時一樣，因為已經死了的英雄是埋葬於地下的。另外，凡人可以食用供奉給天上諸神的燒烤供物，但不能吃獻給地下神祇的供物。

（神的心情經常是反覆無常）。就像這樣，古代希臘的宗教認為「比起信仰，行動更重要」。

特集6 古代希臘的夢卦

除了對舉行盛大的祭儀來供奉眾神，或去阿波羅的神諭所求取預言外，古代希臘人也相信個人性的「占卜」[21]，「夢卦」便是其中的代表之一。他們認為夢是神給予的警告，或預告未來的神諭，所以古代希臘存在著專門為人解釋夢境的「解夢師」。

現在的日本也有以解釋夢境為職業的人；去書店時，也能看到書架上排列著解釋夢境的書，書中「夢見剪頭髮是失戀的暗示」這類的內容，則會讓有些人感到憂，有些人感到喜。

這表示即使是現代，「夢境」仍然影響著人們對未來的想像。但到底什麼樣的夢暗示著什麼樣的未來呢？就試著在此介紹一部分[22]吧！

[21] 古代希臘除了夢卦外，還有很多種占卜的方式，例如星座占卜、鳥卦、水卦、鏡卦、臟物卦、死人卦、面相卦、體型卦、乳酪卦等等。

[22] 以下摘錄自西元後二世紀流行的阿提密斯的《釋夢》（作者為阿特米多魯斯）。（參照《釋夢》阿特米多魯斯所著《釋夢》，日本城江良和一九九四年譯本。）

剪頭髮的夢

不管是誰，夢見去理髮店剪頭髮，都是吉利的夢。因為只是替換了一個字母「剪頭髮（KAPHNAI）」就變成了「喜悅（XAPHNAI）」。還有，能夠去理髮店剪頭髮的人，應該是注意儀容、生活寬裕的人，所以這樣的夢暗示著這個人是與悲慘或苦難無關的。

不過，若夢到的是自己剪自己的頭髮，那就是一個不吉利的凶兆之夢，意味著會突然陷入不能去理髮店剪頭髮的悲慘困境。

即便今日，到美容院或理髮店剪頭髮，都屬於相當程度的休閒表現。古代希臘的夢卦，其實是在某些原因與依據下，進行邏輯性暗示的占卜。

另外，古代希臘夢卦的最大特徵，可以說是「**依做夢者健康狀態、職**

業、性別的不一，會有截然不同的夢卦結果」。

被雷打中的夢㉓

對窮苦的人來說，這是吉兆之夢，但對有錢人來說卻是凶兆之夢。因為被雷擊中的人會在那一瞬間變成完全不一樣的一個人，所以可能窮人會變成富人，富人反過來變成窮人。

這個夢對未婚的男性而言，不管是窮人還是富人，都是暗示著即將結婚的預言之夢，因為火就像女人一樣，會讓男人的身體變熱。不過對已婚者來說，這卻是暗示會離婚或與朋友、兄弟翻臉成仇的夢卦，因為雷會劈斷結合在一起的事物。

因為不同的職業、不同的健康狀況的做夢之人，會有不一樣的釋夢答案，難怪有必要存在專業的「釋夢師」。

除了被雷打中的夢外，還有在天空飛的夢、拔牙齒的夢、自己死了的

㉓除了這個之外，還有以下的夢卦：

・穿著白衣服的夢

對奴隸來說，白色衣服是解放的象徵，是吉夢；但對工匠來說，則是失業的暗示，因為工匠在做事的時候是不會穿白色衣服的。

對病人來說，夢見穿白色衣服是死亡的前兆，因為希臘人有用白色布巾包裹死者的習慣。相反的，病人夢見穿黑色的衣服，則是即將痊癒的暗示；死者不穿黑色的衣服，穿黑色衣服的是去弔唁死者的活人。

夢、與性有關聯的夢等等。由此看來,「古代希臘人會做的夢和現代人做的夢,其實大同小異呀……」然而其實也存在著「現代人的夢卦辭典裡絕對不會有的」古代希臘人才會做的夢。

與神做愛的夢㉔

對病人而言,這是死亡前兆的夢,因為這是靈魂即將離開肉體,預感要與神溝通信息了。對健康的人來說,若從性交中得到快感,意味著得到了身分地位高過自己的人的援助;若沒有得到快樂,便意味著恐懼與混亂。

夢見和阿瑞斯性交,是最近必須動外科手術的暗示。因為阿瑞斯是戰神,是鐵的象徵。倘若在那個夢裡快感的感覺勝於疼痛,那麼手術就會成功。

夢見和塞勒涅(月亮女神)性交,對船員、貿易商、旅行者來

㉔因為每一位神所代表的意義都不相同,所以光是「夢見神」的釋夢就有許多種。例如夢見冥界之神黑帝斯和泊瑟芬。對正在擔心害怕什麼事的人來說,夢見和黑帝斯、泊瑟芬在一起的話,是吉夢。因為和他們在一起的亡者,已經不會再害怕什麼事情了。

說，是吉祥的好夢。因為月亮持續在移動，對一直在外旅行的人來說是件好事。不過，若是其他人做了和塞勒涅性交的夢，恐怕就不是好事情了；因為月亮的水氣重，做夢者或許會患上水腫的毛病而死亡。

還有，如果夢見和堅守貞節的阿提密斯、雅典娜、海絲蒂亞、瑞亞、希拉、黑卡蒂等處女神或女神做愛，即使在夢中得到快樂，也要有面臨死亡的覺悟。膽敢染指這些女神者會有何種下場，神話裡已經有太多例子了。

除此之外，還有許多奇怪的「釋夢」也被記載下來了，例如：屁股說話的夢、變態性交的夢、螞蟻跑進耳朵裡的夢……。古代希臘人認為可以從夢境裡尋找到實際生活中的預兆，甚至認為夢中出現的神能治癒現實生活中的疾病。關於這一點，後面的「在夢中治療疾病」一節中，會再度提到。

3 愛與病，死亡與永恆

壺畫上塗鴉文字的意思是什麼？

從收藏在博物館的古代希臘壺的內側，或一些遺跡的牆壁上，經常可以看到古代希臘人刻畫下來的塗鴉文字。他們刻畫下來的那些文字是什麼意思呢？舉個例子來看看吧！那是為一般市民製作的，壺上畫著兩名男性的壺，壺底刻畫著以下的文字——

ΑΠΟΔΟΣΤΟΔΙΑΜΗΡΙΟΝ

「答應過了的，說過要讓我『股間性交』（體外性交）㉕啊！」

㉕「股間性交」是「在兩腿之間進行性交」的意思。連了不起的亞歷山大大帝也被批評：當「被（戰友）赫費斯提翁的大腿統治時，不能成為優秀成熟的人」。（錫諾普的第歐根尼寫給亞歷山大大帝的信）。

因為「素股」主要是男性之間的性行為，所以不難想像這段塗鴉文字應該是男性寫給男性的哀怨之詞。

接著，各位成熟的大人們或許會抱期待，又希望孩子們在此把本書合起來的「與性有關的內容」要來了。留在壺裡內側或遺跡牆壁上的古代希臘人塗鴉文字㉖，是或許永遠不會被翻譯出來的古代希臘人求愛心聲（不管是同性間還是異性間），也是充滿淫穢又熱情奔放的字眼。

若不介紹這些的話，《古希臘原來是這樣!?》一書就無法結束。所以，在此拉開歷史教科書不會寫、老師在課堂上不會說的，古代希臘自由奔放的性世界之幕吧！

何謂「希臘愛情」？

「Greek love」（希臘之愛），翻閱字典的話，很容易就可以找到這個單

（右圖）正在進行股間性交的男性情侶。

古代希臘認為男性陽具小、覆著包皮的比較好（大的陽具被視為野蠻的象徵，所以古代希臘的男性雕像陽具都不大）。另外，哲學家亞里斯多德說：陽具太大的話，精液容易變冷，不利生小孩之事。

㉖古代希臘因為一般人識字率低，所以塗鴉文字沒有太多複雜的文字，大多由「〇〇，喜歡」、「〇〇，漂亮」等簡單的文字構成。

語的意思，**「Greek love」是「男性間同性愛」之意。「希臘式之愛」㉗一詞，現在常常被用來表現男性與男性之間的愛情，如今也以同性愛的印象，成為「古代希臘」令人印象深刻的一環。**

不管是在希臘神話裡，還是在現實中的古代希臘社會，男性可以像愛女性一樣地愛著男性。例如下面這首詩所述的：

「啊！我是被什麼痛苦的病給糾纏住了吧！
對那少年的愛像發熱病一樣，已經折磨我兩個月了。
他的外貌雖然平凡，但那臉頰上的微笑多甜美啊！
昨天路過那會，他眼神向我這邊飄來，
四目交接時，害羞得臉紅了。
我的心被愛侵蝕了……。
不行了……。我到底在想什麼？
我已經到了有辨別力的年紀。

㉗ 現代希臘人大多是基督徒，所以很多人並不樂意見到這樣的表現。例如對西元二〇〇四年好萊塢電影《亞歷山大帝》的抗議，呼籲「不要把希臘人的亞歷山大帝描述成同性戀者」。但從歷史來看，亞歷山大大帝應該就是一位雙性戀者。

這般年紀愛一個少年是痛苦的，
我明明希望可以遠離這樣的愛，
但是，我辦不到。我哪有能力打敗愛神。」
（忒奧克里托斯㉘《牧歌》埃狄利亞第三十歌）

很多古代希臘人是雙性戀者，認為愛情無關性別。不清楚古代希臘人為何對同性愛習以為常，但是有古代希臘人認為「同性愛是為了調整克里特島人口過度增加而產生的」，也有人認為「問我為什麼會愛少年？因為少年很美呀！這需要什麼理由嗎？」還有，因為古代希臘社會的女性地位低，所以有些人認為「對等的真正愛情只會出現在男性與男性之間，同性愛比異性愛更高尚」。

當然，古代希臘人和現代人一樣，每個人對性的愛好各有不同。有些古代希臘男人雖然和女人結婚了，卻仍然不放棄追逐對少年的愛，這種不完全的同性戀者也會受到批評。

㉘忒奧克里托斯是希臘化時代的詩人，留下許多描述市民生活的作品。

另一方面，如同前面的詩所表現的，**古代希臘的「同性愛（少年愛）」是有規範的，不可以想愛就愛地放縱自己**。

《同性愛的規則》㉙

．以肉體為目的的同性愛是被輕蔑的。

．同性愛必須由年長的成熟大人來引導年輕的少年，同年齡的同性愛、或由少年主導的同性愛是不被認同的。最好的狀態是愛人者在精神面上指導被愛者。

．被愛的男性（少年）應在十二歲至二十歲之間㉚。已經長出滿臉鬍子的男人還當被愛者的話，會被輕視。

．愛人者應在四十歲左右脫離「少年愛」的行列。

還有，被愛者要遵守以下的行為：

．不能自動要求性行為。

㉙有些城市會有附加上去的規範，也會有例外的情形。例如克里特島上同性戀人的愛得到結果時，會一起去「蜜月旅行」（並同居兩個月）。另外，波伊俄提亞的男性可以和同性結婚。

㉚關於這一點，有以下的諷刺詩：「十二歲的少年天真爛漫，十三歲的時候更可愛，十四歲時開始綻放官能性的氣息，十五歲散發出芳香，十六歲的美是神的領域，十七歲……因為太美而被宙斯帶走，不讓我們看到了。」

・必須先獻心，才能獻身。
・不得藉由性行為得到性的快樂。㉛
・性行為中不得採取屈服性的體位。
・不能讓對方的男性器官插入自己身體任一有開口的部位（也就是說口交、肛交的性行為被視為不妥）。㉜

在遵守以上的規範下，男性在去運動場等地方看到心儀的少年時，會贈送少年各種禮物，有時還會去少年家前守候，拿著豎琴唱歌，吸引少年的注意。有時還會以打架的方式來趕走情敵。

因為這樣的愛情而產生的苦悶與辛酸，也被寫入詩歌中。

「心愛的少年呀！你完全不愛我。

我因為你開心而感到幸福，因為你的不開心而情緒低落。

戀愛中的人過得如此苦悶，是正確的嗎？

㉛ 對男性市民而言，被愛者得到性的快樂，等於是一種淫亂。

㉜ 當然也有如左圖般的肛交情形。

年輕的你要聽年長的我說的話，這也是為了你好。說到了你，若是有人稱讚你的容顏好看，你就會馬上和那個人成為好朋友。
人的一生都應該有一個好朋友。
你應該更有誠意地溫柔回應我對你的好。
那樣的話，等你的臉頰也長出大人的鬍子時，就算戀情不再了，也還存有友情。㉝」
（忒奧克里托斯《牧歌》埃狄利亞第二十九歌摘譯）
但是，遵循規範去追求少年，少年卻未必會接受追求，甚至大部分都會被拒絕。以下便是被拒絕時的詩歌。
「一個男人愛上了冷酷的少年。
少年的性格完全不同於美好的容貌㉞。

㉝「長出鬍子時，這樣的愛情就結束，成為朋友的關係」的這一部分，就是前面敘述的古代希臘同性愛規範之一。少年變成成年男性時，就不可以「被愛」了。

㉞容貌美好而被誇獎是應該的。古代希臘重視「美即善」

見面的時候就算說上話了，態度也非常冷淡。

不安慰為了愛情而燃燒的男子，不對男子微笑，不為男子臉紅，也不會親吻男子。

……即使這樣，少年仍然是美好的，更加讓男子著迷。

男子終於再也忍受不了熊熊愛情之火的煎熬，他去拜訪少年的家，親吻著少年家的門，說：

『殘酷無情的少年呀！我給你帶來最後的禮物。

這是套在脖子上的繩索。是為了我自己而準備的。

少年呀！我不會再注視你，也不再為你煩惱了。

但是，請聽聽我最後的願望吧！

當你出門去，看到可憐的我吊死在門的旁邊時，

希望你不要直接從我身邊走過。

希望你能停下腳步，輕輕嘆息一下，為我流下眼淚，

然後給我最初也是最後的吻……』

（只要美就夠了），是「可愛就是正義」的社會。

說了這些話的男子，在少年家的門口上吊死了。」

——換作現在的時代，為了追求喜歡的人而做出如此糾纏的行為，恐怕會被認作跟蹤狂，招來警察的關心吧！大部分的人會認為「因為對方不接受追求就跑到對方家門前去上吊自殺，這種為愛而瘋狂的人太可怕了……」可是，這個故事還沒有結束，後面還有更可怕的事情。

……少年打開門，看到在自家門檻前上吊的死者了。

但是少年的心仍然不為所動，他沒有嘆息，也沒有任何祭奠的動作。

他像平常一樣地前往澡堂。

這時，設置在旁邊的愛神厄洛斯的神像傾斜了。

石像掉下來，砸在已經進入水中的少年頭上。澡堂的水被少年的鮮血染紅了——

一個聲音說道：

「想戀愛的人們呀！高興吧！不想戀愛的人已經死了。要知道，有些人就是不想戀愛，而神的裁判是公正的。」

（忒奧克里托斯《牧歌》埃狄利亞第二十三歌摘譯）

若在今日，少年會因為「被不喜歡的人糾纏，很可憐呢」，順勢得到安慰。但那位少年卻因為不理會糾纏而陷入被神懲罰的悲慘境遇。畢竟人們感覺到的「愛情」或「性慾」，都是神賜予凡人的東西，拒絕了神的賜予物，等於是對神做了無禮的行為。

從忒拜市的男同性愛情侶組成的精銳戰鬥部隊「神聖隊」，就可以知道愛情的力量有多麼強大。這支部隊之所以被稱為精銳部隊，據說是因為「男性們在自己所愛的男性面前不能示弱，要選擇勇敢地戰鬥，光榮地赴死」（阿特納奧斯《智者之宴》）。

如此看來，與古代希臘愛情相關的故事，真的是怎麼說都說不完。不管是異性間㉟的愛還是同性間的愛，人一旦愛上一個人，便有時會嫉妒、

㉟也有與男女戀愛有關，略微透露了肉體關係的詩。
少女：「啊，不要！為什麼要鬆開衣帶？還撕破了我的衣服！」
牧羊人：「為了準備妳婚禮上要穿的衣服！會給妳買新的衣服。什麼都買給妳。連我的靈魂也都給妳。」
少女：「現在說什麼都願意給我，但後來卻什麼也沒有給我。阿提密斯女神呀！我要背叛您的教誨了，請不要對我生氣呀！我來這裡的時候是處女，但我回去的時候怕要為人妻了……」
（忒奧克里托斯《牧歌》埃狄利亞第二十七歌摘譯）

憤怒、哀傷，有時會為了所愛的人而戰鬥。正因為這樣，今日我們才能讀到許多詩人們所寫下的愛的美麗詩篇，看到「那個孩子好美」、「我喜歡他」等等被遺留在一些遺跡牆壁上的塗鴉文字。

妻子的證言：「男性是口中發出惡臭的生物」

與同性戀愛不同的是，異性戀之間有「婚姻」的制度（有些地區的男同性戀者也能結婚）。

那麼，古代希臘妻子們過的是什麼樣的生活呢？我們可以從以下敘拉古國王希倫與其妻子的對話，了解古代希臘妻子們生活的一小部分。

希倫：「老婆，今天我的政敵對我說：『嘖，你的嘴巴好臭！』實在太丟臉了。我的嘴巴臭這件事，妳為什麼一直沒有告訴我？」

妻：「啊！我以為男人就是嘴巴會發出臭味的生物呀！難道不是嗎？我又沒見過別的男人。」

（普魯塔克《道德小品》〈無論如何都要從敵人那裡得到利益〉）

就像從這對夫妻對話裡我們可以知道的一樣，古代希臘妻子們幾乎看不到丈夫以外的男子。丈夫出門在外與人討論事情或進行政治活動的期間，做妻子的人不能出門一步，只能乖乖守在家裡。女性必須謹言慎行地待在屋子內，不能被男人看到臉㊱。**所以一般認為古代希臘是以男性為中心的社會，女人過著極為被壓抑的生活**。

在古代社會裡，女性最大的任務就是「生孩子」㊲。女子在什麼也不懂的十五歲左右，嫁給與自己父親年齡相當的男子為妻，懵懵懂懂地懷孕、生子，有不少女子因此喪失了生命。被現代人視為醫學之祖的古代希臘人希波克拉底，留下了下面這段文字——

「有性交經驗的女子比沒有性交經驗的女子更健康。因為性交可以濕潤

㊱ 這個要求不包含非市民的女性（外國來的女性或奴隸）。她們是妓女或產婆，靠著特殊的技能為生，以工作養活自己。就某種意義而言，她們比擁有市民身分的女性還自由。

㊲ 不知為何缺少了「沒有生小孩」的女性的史料。或許那樣的女性抱走了奴隸生的孩子，當成是自己生的孩子。

子宮，讓子宮不會太乾燥。子宮太乾燥是子宮收縮時疼痛的原因。」

總之，古代希臘女性的工作就是：與男子性交之後生小孩㊳。

另一方面，古代的希臘是一夫一妻制，所以男子「選擇一位女子生下繼承家族的孩子」，對男性來說是半點問題也沒有的事。而且，即便在選擇了一位女子後，再和其他女子有性關係，或嫖妓、有同性戀，也幾乎不會被指責。

男人甚至還會大言不慚地這麼說：「和妓女玩，讓小老婆照顧，把老婆當成生小孩和忠實的家庭守護者。」「知道我為什麼娶妳嗎？其他女人比妳更好，但為了我的父母基於女人能否持家、能否生養小孩的考慮，我們才成為夫婦的。」

從以下的敘述，也可以看出古代希臘女性地位之低——「在古代希臘，男女之間不存在對等的愛情關係吧？妻子的作用只是生孩子㊴，夫妻之間是沒有愛情的吧？」

而女性是怎麼看待自己的境遇呢？愛自己的丈夫嗎？這些問題我們恐

㊳不過，也有女性不想結婚。不想結婚的女性可以去神廟當巫女，例如阿波羅神廟就是不想結婚女性的避難所。

㊴此外，一個女子如果和人結婚後，又成為「獨身」的狀況時，法律上可以離婚，但必須再與父親以外的近親男性結婚（男性這方有否決權。如果這位近親男性拒絕婚事的話，有權決定把這位女子轉移給另外的近親男性）。

總之，在婚姻這件事上，女性完全沒有自主的機會。

怕無法得知。因為有關古代希臘的種種紀錄，幾乎全部出自男性之手，所以我們只看得到男性的觀點。不過，在眾多的男性觀點中，著名的將軍特米斯托克利㊵說了下面的一段話——

「說我是全希臘最強的男人嗎？錯了，是我的兒子才對。確實，雅典人統治了全希臘，而統治雅典人的是我。可是，能對著我發號施令的人是我的妻子！偏偏我妻子對我兒子說的話無一不從。所以，全希臘最強的人是我的兒子。」

（普魯塔克《特米斯托克利的一生》第十八節第 15 行以下）

從這段話，可以窺視出特米斯托克利在家的時候，某種程度上聽取了妻子的意見。

㊵電影《三百壯士》續集的主角，引導希臘在波斯戰爭中獲得勝利的統帥。

特集7 閱讀古代希臘語版的《哈利波特：神祕的魔法石》

全世界大賣的小說《哈利波特：神祕的魔法石》，也被翻譯成古希臘語出版了[41]。古希臘的《哈利波特：神祕的魔法石》是《*ΑΡΕΙΟΣ ΠΟΤΗΡ Ναί ήιον Φιλοσσόπτον λίθος*》。

二十一世紀的現代，全球七十億人口裡，以古希臘為母語的人口是零人。「既然如此，有必要使用已經成為死語的古希臘語來翻譯《哈利波特：神祕的魔法石》嗎？」相信很多人會忍不住發出這樣的疑問吧？但，對西方人來說，學習古希臘語就如同日本人學習古文或漢文一樣，是重要的教

[41] *Harry Potter and the Philosopher's Stone (Book 1):Ancient Greek Edition* J. K. Rowling（著）、Andrew Wilson（翻譯）二〇〇四年。

養，是必須學習的語文。不管對正在學習古希臘語的孩子，還是以前被強迫認真學習過古希臘語的大人，他們都躍躍欲試地想要閱讀古希臘語版的《哈利波特：神祕的魔法石》。

用古希臘語來翻譯現代的書，實有種種的困難。首先，「古代希臘語的文法規則[42]，基本上男性的名字只能用 S 或 R 或 N 來做結束。」（古代希臘男神或男人名字的結尾字母，應該都是這三個字母中的一個。）

為了解決這個問題，使用古希臘語來翻譯時，「哈利．波特」變成了「阿瑞奧斯．波忒爾」。而「阿瑞奧斯」是「戰神阿瑞斯的男人」之意，「波忒爾」是「杯子」的意思。「波特（potter）」在英語裡有「製陶者」的意思，可以與「杯子」產生聯想。

同樣的，踋哥．馬份（Draco Malfoy）的古希臘語風名字是德拉空．馬爾達柯斯（馬爾達柯斯是「膽小」的意思）。

石內卜教授的古希臘語風名字是西納卜斯教授（這個名字有「哈辣男」

[42] 古代希臘語的固有名詞，有詞格變化。以荷米斯（Hermes）為例。
Hermes（主格）
Hermou（屬格）
Hermei（賓格）
Hermen（呼格）
從語尾的變化，看出名詞的屬性。

之意。在哈利．波特的故事裡，石內卜對哈利．波特非常嚴格）。

解決了名字的問題後，還有更困難跨越的翻譯問題。那就是「該如何翻譯古代希臘沒有的現代物品的名稱呢？」要怎麼翻譯汽車、摩托車、特快車、領帶……呢？

舉例來說：哈利要去魔法學校時，對姨丈說「能用汽車載我去嗎？」古希臘語版本的這句話是這麼說的，「能用自己會跑的戰馬車載我去嗎？」

同樣的，摩托車譯成「會自己前進的兩輪車」，特快車是「急速前進的車」，飛機是「在天空飛的船」。

看到翻譯成古希臘語的《哈利波特：神祕的魔法石》，會感覺到現實世界使用的字詞，似乎比魔法世界的字詞更具魔性。

面對與古代希臘天差地別的生活型態，和從前所沒有的概念與物品時，譯者在「這樣譯好嗎？」[43]的種種想像中，翻譯出了古代希臘語版的《哈利波特：神祕的魔法石》。

對古希臘語有興趣的人，和已經學過古代希臘語而想試著了解其中滋

[43] 翻譯「報紙」可以說是翻譯者最苦惱的事情。每天早上的一疊報紙裡，滿滿都是從前所沒有的概念。

味的人，還有全世界七十億分之零的古希臘語使用者們，請一定要來九又四分之三月台，搭乘霍格華茲特快車，跟著哈利．波特一起前往魔法世界吧！

在夢裡治療疾病

第二章已經介紹過阿波羅神因為科洛尼斯對自己不貞，而殺死了這位凡人女子的神話。但那時科洛尼斯已經懷孕，阿波羅於是從已死的科洛尼斯身上取出孩子，救了孩子一命。這個孩子便是為了健康而存在的男人，被後世稱為古代希臘醫術之神的阿斯克勒庇厄斯㊹。

阿波羅與阿斯克勒庇厄斯是父子，兩位也都有醫神之稱，古代希臘人認為前往奉祀他們的神域參拜，病體就能痊癒，所以他們的神域是非常受歡迎的地方。那個神域就是「埃皮達魯斯的醫療神域」㊺，現今仍存在於希臘，是希臘的世界遺產。

那麼，古代希臘的醫神，是如何治療病人呢？而古代希臘人生的又是什麼樣的病呢？從碑文上的具體例子，可以讓我們看到上述問題的答案。現在仍然矗立在埃皮達魯斯神域的那塊石碑，就是「阿波羅與阿斯克勒庇厄斯的治療集」。這塊碑上的文字可以幫助我們理解古代希臘的疾病與醫療

㊹阿斯克勒庇厄斯是名醫，可以醫治所有的病，甚至能將死人救活，卻因此引起維持世界秩序的宙斯與統治冥界的死者之王黑帝斯的不滿，而被宙斯用雷打死（因為阿斯克勒庇厄斯的母親是凡人，所以阿斯克勒庇厄斯不是完全的神，沒有不死之身）。阿波羅因為兒子被打死，十分憤慨，於是反叛宙斯而受到宙斯的處罰。不過，阿斯克勒庇厄斯的醫療功績最終被認可，故以醫術之神的身分，在天界被授予神的地位。

被一條蛇纏繞的手杖是阿斯克勒庇厄斯的象徵。

狀況。

「神。神安吉祥。」[46]

「阿波羅與阿斯克勒庇厄斯的治療集。」

以下是石碑一開始列舉的二十個病患的病症與治療法。由於碑文很長，在此姑且以下列的方式來做介紹。

1. 治療懷孕了五年的女性病患。
2. 治療懷孕了三年的女性病患。
3. 治療手指不會動的男性病患。
4. 治療一隻眼睛看不見的女性病患。
5. 治療發不出聲音的少年病患。
6. 治療額頭受傷的男性病患。
7. 懲罰侵吞他人所寄放醫療費用的男性。
8. 不收醫療費，治療了被捲入落石中的少年。

㊺ 埃皮達魯斯的阿斯克勒庇厄斯神廟。因巨大的劇場而聞名，但如今已成一片廢墟。

9. 給一隻眼睛沒有眼球的男性病患做了眼球。
10. 讓壞掉的杯子恢復原狀。
11. 懲罰偷窺神的治療室的男性，讓該男性失明。
12. 治療下巴被槍刺傷的男性。
13. 從喝了繼母下的毒（水蛭）的男子胃裡，取出水蛭。
14. 治療尿道結石的男性。
15. 治療腳行動不便的男性。
16. 治療腳行動不便的男性。（2）
17. 治療腳尖受傷的男性。
18. 治療眼睛看不見的男性。
19. 治療禿頭的男性。㊼
20. 治療眼睛看不見的少年。

這二十位患者中，不孕症者與因為戰爭而受傷，或天生行動不便者佔

㊻「神。神安吉祥。」是古代希臘正式碑文的開頭定型文句。
（左圖）有碑文的石碑。

㊼碑文中有「因為禿頭遭嘲笑」的文字。當時禿頂似乎被認為是不好看的外表。

了多數㊽，但其中也有特別引人注目的「患者」，那就是第10條的「壞掉的杯子」。難道修理杯子也算醫術嗎？另外，第19條的「治療禿頭的男性」，也讓人驚覺古代希臘人的看法——「禿頭是病」。

且以這二十位病患中的兩位病患之例，來瞧瞧醫神是如何進行治療的吧！

㊽無立即生命危險的緊急性患者。這裡雖然是醫療的神域，卻不是醫院（古代希臘沒有醫院），比較像是健康醫療中心。

【2號患者：治療懷孕了三年的女性病患】（意譯）

住在庇里牛的伊思莫尼卡因為不孕症而來到神域。她躺在神域裡睡著了，阿斯克勒庇厄斯進入她的夢中。

「神呀！我想要懷孕……最好懷的是女兒。」

伊思莫尼卡如此向神祈求。神於是答道：

「知道了，知道了，妳想要懷一個女孩子……還有什麼其他的希望嗎？」

「沒有什麼特別的希望了。」

不久之後，伊思莫尼卡果然懷孕了，但是懷胎三年，都沒有要生產的跡象。十分煩惱的伊思莫尼卡再次來到聖域。

「神呀！我確實懷孕了。可是，已經懷孕三年了，為什麼還不能把孩子生出來呢？」

阿斯克勒庇厄斯又一次進入她的夢境，說：

「什麼？妳不是說除了想懷一個女孩子外，沒有什麼特別的希望嗎？」

「不是那樣的，我想懷孕，並且把孩子生出來。」

「妳開始的時候沒有這麼說，我怎會知道呢？」

這次伊思莫尼卡終於清楚傳達了自己的希望，她對神說：「我想懷一個女孩子，然後把她生出來。」

伊思莫尼卡夢醒後離開聖域，順利地生了一個女兒。

「因為妳沒有說要生」這句話，變成古典的相聲幽默哏了？總之結果就是如此。以現在來說，阿斯克勒庇厄斯這樣的醫生，是絕對拿不到醫生執照的。但從這個醫例，**凡人們也得到了一個教訓，那就是：向神祈願時，一定要正確而清楚地說出心中的希望，否則是行不通的。**

【14號患者：治療尿道結石的男性】（意譯）

一位陰莖裡面有石子（尿道結石）的男性來到醫神的聖域。

他躺在神域內睡覺，做了和美少年性交的淫夢。要清醒的時候，他夢遺了，尿道裡的石子同時從尿道裡滾了出來。

然後，他拿著石子，安心地離開了神域。

「夢見和美少年性交而夢遺」……這確實很古代希臘！不是和美女，而是和美少年……。結果是夢遺治好了尿道結石。這樣的醫例果然也有著滿滿的古代希臘風格。

以上介紹的兩樁醫例，皆來自「阿波羅與阿斯克勒庇厄斯的治療集」碑文。不過，細心的讀者們應該注意到某件事了吧？沒錯，阿斯克勒庇厄斯完全沒有進行外科醫療行為。病患只是睡了一覺，病就好了。不只這兩樁醫例如此，其他的醫例也幾乎都是如此。即使是治療單眼沒有眼球的男性（第9號）時，也不過在病人的夢中，把藥滴入眼窩中而已，就做出了

㊾「共同寢室」。患者們在這裡睡覺，等待神的啟示。

眼球。

在夢中進行治療——這就是神域的實際治療系統。來到神域的患者，首先會被叫到「共同寢室」㊾過夜，然後等待神入夢中給予啟示。

但到了白天，病患們還要去神域的「凡人醫生」那裡看診，領取藥的處方或接受外科手術㊿。所謂的「醫術之神的治療」，就是日、夜兩種療法合在一起的治療，被醫治的人（即使只是接受凡人醫生治療的病人）都要獻上物品來感謝醫術之神阿斯克勒庇厄斯與阿波羅[51]。由此可知古代希臘的醫療，是集合宗教性（心理性）與醫學性的醫療。

「人類最大的幸福是……」

就這樣，阿波羅與阿斯克勒庇厄斯這兩位醫術之神的神域真的非常繁榮。只不過，在診療或醫術發達的古代希臘，還是欠缺「衛生」的觀念，

㊿ 從神域出土的醫療器具。

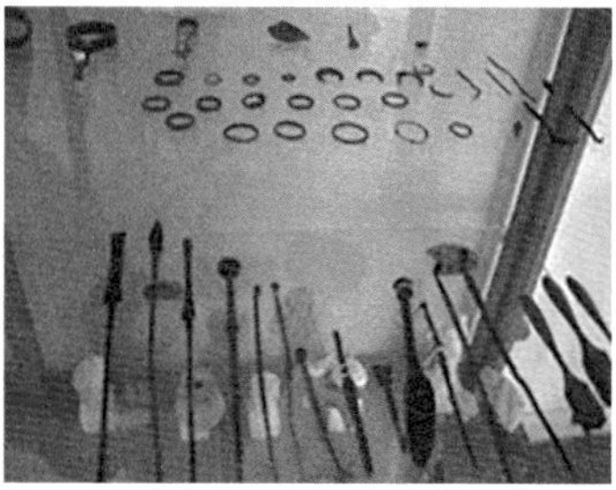

[51] 阿斯克勒庇厄斯和阿波羅都是醫神，但阿斯克勒庇厄斯醫治的對象基本上以個人為主，和國家有關的疾病（也就是傳染病）就必須由阿波羅來醫治。

[52] 女性突然死亡的話，就是「中了阿提密斯之箭」。阿提密斯是阿波羅的姊姊。

所以當時人最大的死因是瘧疾或結核病等的感染症。**當時的人不知道疫病是怎麼來的，但都認為疫病是疫病之神帶來的疾病。**

那麼，古代希臘的疫病之神是誰呢？本書第二章已經提過這位神祇了。沒錯，這位神祇就是阿斯克勒庇厄斯的父親，也就是在這個神域裡和阿斯克勒庇厄斯一起接受奉祀，同樣是醫神的阿波羅。

在古代希臘，「人突然死去」被形容成是「中了阿波羅之箭」[52]，所以疫病之外的突然死亡，也是阿波羅造成的。如此想來，醫術之神同時也兼任疫病之神和死神，這實在是可怕的事情。不過，阿波羅說過以下的話。

阿波羅：「對凡人而言，最幸福之事即死亡（故須感謝我殺了你）。」

——想到這句話來自醫術之神的口中，就絕對不想讓這位醫術之神治療了。不過，古代希臘人的平均死亡年紀，男性是四十四歲，女性是三十五歲，他們生活在一個遠比現代人更接近死亡的世界。阿波羅神會說

〈古雅典城男女別的各種平均年齡〉

	男性	女性
結婚年齡	27 歲～ 34 歲	13 歲～ 18 歲
死亡年齡	44 歲	35 歲

＊各研究機構列舉出來的平均死亡年齡未必相同，無法得知正確的數字。不過，男性平均比女性多活十年這一點，倒是相當一致。造成男女平均壽命都不長的原因之一，便是孩童死亡率非常高。

那樣的話，某種程度地表現出古代希臘人的生死觀。

「凡人不論何時抓到幸福，只要神的一個意思，就會馬上沉淪。

虛幻的凡人呀，你以為你是什麼？

你什麼也不是吧？

凡人的一生像影子一般，只是一瞬間的夢。」[53]

蟬在古代希臘與日本

希臘位於比三藏法師口中的「極西」更遠的西方，古代希臘更是日本人建法隆寺、開始使用文字時滅亡的古代文明。現代的日本人，在看不管從地理上還是歷史上都與日本沒有接點的古代希臘，會有什麼感覺呢？

「工作是奴隸的事情，但是受僱於人而工作，比當奴隸更可悲」，這是古代希臘人的邏輯觀。「你們日本人把勤奮工作當作美德，但我們古代希臘

[53] 品達《皮西安勝利曲》第八歌。

人的美德是休閒。有閒暇的時間才是作為人的證明。」而可以證明這句話的，就是〈螞蟻與蟬（蟋蟀）〉中的蟬。

同樣是蟬，在古代希臘與日本卻有著不同的象徵意義。日本人感嘆蟬只有一個「短暫」夏天，但古代希臘人卻看到了蟬在翌年夏天甦醒的「永遠」。沒錯，在古代希臘，蟬是復活與不死的象徵。

還有，在古代希臘，蟬是可以吃的酥脆食物。哲學家亞里斯多德說：「蟬在成蟲前的蛹階段具有飽滿的口感，特別好吃。」54

另外，十九世紀時，出生於希臘、後來歸化為日本人，長住在日本的民俗學者小泉八雲（派屈克．拉夫卡迪奧．赫恩）也說過這樣的話：

「**世界上不把蟬的叫聲當成噪音，而且覺得是美妙聲音的人，大約就是古代希臘人和日本人了。**」

「悠閒平穩地，滲透到岩石裡面，是蟬的叫聲。」（松尾芭蕉）

「沖流過岩石，轟隆隆的瀑布聲，蟬不停鳴唱。聽到蟬鳴聲，想到了都

54「亞里斯多德 vs 法布爾的蟬是否美味的爭論」。《法布爾昆蟲記》的作者是十九世紀昆蟲學者法布爾，他為了求證亞里斯多德說的「蟬很美味」這句話，試吃橄欖油炒蟬。試過之後，法布爾說：「不算是可以推薦給別人吃的食物吧！亞里斯多德先生自己真的吃過嗎？」可見他與亞里斯多德的看法不同。

（亞里斯多德《動物誌》、法布爾《昆蟲記》）

另外，日本有些地方有吃蟬的傳統。

城。」[55]（《萬葉集》大石蓑麻呂）

松尾芭蕉的句子與《萬葉集》裡的句子，都表現出了蟬鳴的意趣。而古代希臘人則是採用了以下的手法，來表現蟬鳴的聲音。

〈蟬唱給蟋蟀的歌〉[56]

「蟋蟀呀！來安慰我的激情。愛打瞌睡的女孩，羽毛尖尖的田園之詩女神（繆思）呀……

為我編織愛的詩歌吧！

我會獻上禮物給您的。首先請笑納我獻上的嫩草，接著是從我的口中滴下的一滴朝露。」

〈蟋蟀唱給蟬的歌〉

「啊，開朗地唱歌的蟬呀，一滴朝露就會醉的蟬呀！

[55] 蟬的叫聲像從岩石上滑落下來的瀑布般劇烈，悲鳴般的蟬叫聲，讓人懷念起都城。

[56] 在古代希臘語裡，蟬是男性名詞，蟋蟀是女性名詞。總之，這是一首蟬在向蟋蟀求愛的歌。

請抬高你像鋸子般的腳，坐在高高的樹木上吧。
以你那被日曬得黝黑的身體，唱出豎琴那樣的聲音吧！
但是，朋友呀！今天我想為寧芙仙子唱新的歌曲。
我想遠離愛情[57]，和睡眠之神在一起。
躲進懸鈴木的影子下。」
（美雷阿戈洛斯之詩。部分摘錄。）

這首詩中原文連續使用了齒擦音（shi、shu 之類的）。這不是偶然湊巧的現象，而是特意使用的結果，用那樣的聲音來表現蟬的叫聲。

從這一點看來，古代希臘人在表現蟬的方面，處理得很漂亮。

另外，日本詩人們歌詠的是蟬短暫虛幻的一生。

「不久就要死，再也見不到的風景，蟬兒的聲音。」（松尾芭蕉）

「已經秋天了，那隻茅蜩的生命，也要消失了。」[58]（與謝蕪村）

[57] 很遺憾的，蟬被拒絕了。

[58] 「到了秋天，蟬的生命就結束了」的意思。「茅蜩」的生命也是一樣。

而古代希臘人歌頌的是蟬不滅的生命。

「蟬呀！多麼幸福呀！
你佇足在樹梢上，只喝一點點露水生活，
像國王一樣，快樂地唱著歌。
你不會去搶別人的東西，大家都喜歡你，
因為你向大家預告了快樂夏天的來到。
蟬呀！你是詩神心中的至愛，
連阿波羅也為你的歌聲陶醉。
你擁有如此清澈的聲音，
永遠不會老，幸福地唱著，
沒有會死的血與肉，也不會悲傷。
蟬呀！和不死的神一樣！」
（阿那克里翁〈寄給蟬〉）

短暫與永遠——日本人與古代希臘人看到了不一樣的蟬的內在。但是，古代希臘人也跟日本人一樣，會用蟲籠捕蟬，在家裡享受聽蟬鳴的樂趣。**而且也會在蟬死掉的時候，為蟬築墓。日本歌詠蟬的和歌或俳句非常多，可以說唾手可得。同樣的，古代希臘人也深愛蟬，為蟬歌詠。**

再問一次，你對距離現在遙遠的古代希臘生活，有什麼感覺呢？不管是工作觀還是戀愛觀、感性等等，古代希臘世界對現在的我們來說，都是遙遠的世界。然而，雖然遙遠，卻還是覺得其中存在著某種與我們很親近的東西吧？

古代希臘人在遙遠的彼方，在很久以前就消失了，是和我們一點連結也沒有的人們。可是，他們和我們一樣歌詠蟬的存在，當我們詠嘆著「悠閒平穩地，滲透到岩石裡面，是蟬的叫聲」時，他們也以齒擦音來模擬蟬的叫聲，唱著「啊，開朗地唱歌的蟬呀，一滴朝露就會醉的蟬呀」。「在日本和古代希臘，蟬在夏天期間總是minn、minn～地叫著，完全不為食物煩惱」，並且可以用橄欖油炒來吃。

結語

很多人對古代希臘抱持著「蔚藍天空、閃亮碧海、美麗白色神殿帕德嫩」的印象。但看完本書的讀者們，應該會有不一樣的印象了。

「古代希臘！是褐色的天空、酒紅色的大海，加上色彩豐富美麗的百步寶物殿。」

有著奇異色彩感的古代希臘人們，其實是原本不知「海」為何物的一群人。至於帕德嫩神廟原本也不是白色的，而是極富色彩的神廟，並且這座神廟的機能非為「神廟」，實為「藏寶庫」。還有，帕德嫩神廟的舊名是「赫卡托巴恩（百步）」。讀者諸君對這樣的「古代希臘真面貌」，有何感想呢？

※謝謝在書寫本書時給了我許多幫助的以下各位朋友，藤村在此謝謝各位了。
成為我心靈支柱的我的好朋友星彥；給我很多建議和幫助的學友聰明黑川巧；從大學時代起就給我很多指導，我非常尊敬的老師們，還有Shocaco、夏秋香、千矢子、Hiwada、金田淳子老師等等，謝謝你們了。

開始的時候，我是因為愛上希臘的藍天、白色神殿，才踏入研究古代希臘之路（契機是以希臘神話為主題的漫畫卡通《聖鬥士星矢》）。在追逐帶有白色與藍色清爽氣息的希臘芳香中，不知不覺中接受了變成混濁褐色的希臘天空，也認同了色澤沉重的紫紅色大海，然後站在極富色彩的神殿前。

即使發現了古代希臘的真面貌和我原本的印象不一樣，我仍然著迷於這個世界。這片承受著綠色雨水的大地上，有擁有永恆生命、不停叫著的蟬。這裡還有生動的希臘神話，眾神與英雄、凡人的故事像熱情的血液般流過這個世界。

古代希臘人對眾神的信仰，與古代希臘世界一起結束了，但是他們的希臘神話卻沒有結束，至今仍然強而有力地活在今日世界裡。

最早登陸月球的火箭是二十世紀的阿波羅 11 號。NASA 說火箭之名來自「古代希臘在飛躍的太陽神阿波羅」。可是，了解古代希臘的話，就會知道阿波羅也是疫病之神，更是說出「對凡人而言，最幸福之事即死亡」

的死神。不過就算知道了這些，阿波羅仍是充滿魅力的神祇。阿波羅不僅是明朗又散發著光芒的神，同時也包藏著深奧的希臘黑暗面。

不只月亮，古代希臘世界的酒紅色波浪，早就靠近時間和空間都相距遙遠的極東日本。除了《聖鬥士星矢》、《美少女戰士》外，還有許多以希臘神話為主題的遊戲與漫畫。

開始於西元前七七六年的「奧林匹亞競技賽」，是古代希臘為了奉祀宙斯而舉辦的運動比賽，現在的「奧運」承襲了「奧林匹亞競技賽」的精神。東京將接手舉辦二〇二〇年的「奧運」，到時聖火將在希臘奧林匹亞的希拉神廟點燃，接著以接力的方式，繞行世界後傳遞到東京。如此想來，古代希臘對現在的我們而言，也不能不說是個真實的世界。

本書只敘述了我非常喜愛的古代希臘世界的一小部分，有些敘述未必詳盡，但讀者若能從這些敘述中，感受到我面對此世界時的興奮心情，那就是我的喜悅。又，預定今後我還會繼續寫出各種與古代希臘、神話相關的書，希望到時能有榮幸把色彩豐富的神廟模樣，呈現在讀者們的眼前。

在奧林匹亞的希拉神廟點燃聖火，是近代奧運才開始的事。

＊第698奧林匹亞紀　第三年　更換鄰居月　第二十七日

眾神。神安吉祥。

※二〇一五年九月十日

圖解

古希臘原來是這樣！？

——神廟不是白的，大海不是藍的，阿波羅不愛工作，宙斯其實沒那麼花……

2017年11月初版　　定價：新臺幣350元
2021年7月初版第二刷

著　　者　藤村シシン
譯　　者　郭清華
叢書主編　李佳姍
校　　對　林碧瑩
　　　　　陳佩伶
封面設計　捌子

出版者　聯經出版事業股份有限公司
地址　新北市汐止區大同路一段369號1樓
叢書主編電話　(02)86925588轉5320
台北聯經書房　台北市新生南路三段94號
電話　(02)23620308
台中分公司　台中市北區崇德路一段198號
暨門市電話　(04)22312023
台中電子信箱　e-mail：linking2@ms42.hinet.net
郵政劃撥帳戶第0100559-3號
郵撥電話　(02)23620308
印刷者　文聯彩色製版印刷有限公司
總經銷　聯合發行股份有限公司
發行所　新北市新店區寶橋路235巷6弄6號2樓
電話　(02)29178022

副總編輯　陳逸華
總編輯　涂豐恩
總經理　陳芝宇
社長　羅國俊
發行人　林載爵

行政院新聞局出版事業登記證局版臺業字第0130號

本書如有缺頁，破損，倒裝請寄回台北聯經書房更換。　ISBN 978-957-08-5036-9 (平裝)
聯經網址：www.linkingbooks.com.tw
電子信箱：linking@udngroup.com

國家圖書館出版品預行編目資料

古希臘原來是這樣！？──神廟不是白的，大海不是藍的，阿波羅不愛工作，宙斯其實沒那麼花……

/藤村シシン著．郭清華譯．初版．新北市．聯經．2017年11月（民106年）．272面．14.8×21公分（圖解）

ISBN 978-957-08-5036-9（平裝）

[2021年7月初版第二刷]

1.古希臘 2. 希臘史 3. 希臘神話

740.212 106020518